Staats- und sozialwissenschaftliche Forschungen

herausgegeben

von

Gustav Schmoller und Max Sering.

Heft 163.

E. von Beckerath, Die preußische Klassensteuer und die
Geschichte ihrer Reform bis 1851.

München und Leipzig,

Verlag von Duncker & Humblot.

1912.

Die

preußsische Klassensteuer

und

die Geschichte ihrer Reform
bis 1851.

Von

Erwin von Beckerath.

München und **Leipzig,**

Verlag von Duncker & Humblot.

1912.

Altenburg
Pierersche Hofbuchdruckerei
Stephan Geibel & Co.

Vorwort.

Die Epoche preußischer Steuergeschichte, die den Gegenstand der vorliegenden Studie bildet, ist schon häufiger be-
handelt worden. Unter anderem hat sich auch die mono-
graphische Darstellung dieses Stoffes bemächtigt. Das bisher bekannte Tatsachenmaterial ist hier in einigen Punkten
auf Grund neuer Quellen ergänzt worden. Das Steuersystem
von 1820 wird in seinen Folgen dargestellt, um so dem Verständnis der Reformperiode von 1847—1851 den Boden zu
bereiten. Diese Epoche ist dadurch bedeutsam, daß hier zuerst die Einkommensteuer als integrierender Bestandteil dem
System der direkten Besteuerung eingefügt worden ist; vor
allem aber — und das ist einer der leitenden Gedanken dieser
Untersuchung — stellt sich die Entwicklung der finanz- und
steuerpolitischen Verhältnisse jener Zeit dar als ein Ausdruck
der Umbildung des preußischen Staates aus absolutistischen in
konstitutionelle Formen. Der Reiz der preußischen Steuergeschichte seit 1848 liegt eben darin, daß sie als bedingende
Faktoren neue politische Momente — die Parteien, die
öffentliche Meinung — anerkennen muß. Man darf dabei
nicht vergessen, daß diese politischen Faktoren zum großen
Teil von den sozialen Strömungen ihre Direktive erhielten,
die damals in ihrer Einwirkung auf die öffentlichen Zustände
zuerst erkennbar wurden.

Dem Herrn Wirkl. Geh. Rat Professor von Schmoller,
meinem hochverehrten Lehrer, dem ich die Anregung zu
dieser Arbeit schulde, spreche ich an dieser Stelle für sein
teilnehmendes Interesse meinen ehrfurchtsvollen Dank aus.
Ebenso fühle ich mich dem Herrn Wirklichen Geheimen Ober-
finanzrat Dr. Lewald, der mir den Weg ins Archiv des
Finanzministeriums ebnete, zu ergebenem Danke verpflichtet.
    Die vorliegende Studie wurde von der philosophischen
Fakultät Berlin als Dissertation zur Erlangung der Doktor-
würde angenommen.

Inhalt.

Verzeichnis der abgekürzt zitierten Literatur.

Bleich, Die Verhandlungen des ersten Vereinigten Landtages
von 1847, Berlin 1847. (Bd. I enthält die Königl. Propositionen, Botschaften und Denkschriften).

Dieterici, Geschichte des Steuerwesens in Preußen 1875.

Grätzer, Zur Geschichte der Preußischen Einkommen- und
Klassensteuer 1884.

A. Held, Einkommensteuer 1872.

J. G. Hoffmann, Die Lehre von den Steuern 1840.

Rönne-Zorn, Staatsrecht der Preußischen Monarchie. (Erscheint in 5. Aufl.).

Schmoller, Die Epochen der preußischen Finanzpolitik (Jahrb.
f. Gesetzgeb. u. Verwalt. 1877; hier zitiert der erweiterte
Abdruck in den „Umrissen und Untersuchungen" Seite 104 ff.).

Treitschke, Deutsche Geschichte. 5 Bde. 1879—1894.

Wagner, Finanzwissenschaft, 4 Bde. und ein Ergänzungsband.

Abkürzungen für die benutzten Archive.

F. M. = Archiv des Finanzministeriums.
Geh. St. A. = Geheimes Staatsarchiv.

I.

Die Reform von 1820 in ihren Folgen.

In der Geschichte der preußischen Personalbesteuerung nimmt das Jahr 1851 eine eigenartige Stelle ein: Neue Ideen wurden in die ältere Gesetzgebung eingeflochten, die ihre theoretische Unterlage, wie sie die Reform von 1820 festgestellt hatte, vernichteten, ohne damit die praktische Wirksamkeit der älteren Gesetzgebung völlig aufzuheben. Die Personalsteuerreform von 1851 trägt einen „Übergangscharakter"; sie vereinigte ältere und neuere Prinzipien der Steuertheorie in sich. In der Einbeziehung moderner Gedanken, die sich erst im Laufe von Jahrzehnten voll durchgesetzt haben, liegt ihre Bedeutung für die preußische Steuergeschichte.

Die Entwicklung, die die Gesetzgebung von 1851 heraufführte, darzustellen, ist Aufgabe dieser Untersuchung. Wir werden zwischen ihren verschiedenartigen Elementen streng zu scheiden haben; zugleich versuchen, ihre Resultate als historisch notwendige zu begreifen. Es würde also in erster Linie darauf ankommen, die einzelnen, die Entwicklung bedingenden Faktoren auf ihren Ursprung und auf ihre Tragweite hin zu prüfen; ganz besonders müssen wir dabei ins Auge fassen, welche Wandlungen unser Problem unter dem Eindruck des sich heranbildenden Konstitutionalismus durchzumachen hatte.

Die erste Bedingung für ein Verständnis der Reform von 1851 ist die Kenntnis der Grundlagen des Systems der Besteuerung, wie sie für Preußen das Jahr 1820 geschaffen hatte. Der Werdegang dieser Gesetzgebung ist häufig geschildert worden [1]. Ich beschränke mich auf eine Zusammenfassung der Resultate, an die sich einige kurze kritische Bemerkungen anschließen sollen. Wir werden nachweisen können, daß die Klassensteuer [2] und mit ihr die Mahl- und Schlachtsteuer — trotz des unleugbaren

---

[1] Vgl. Dieterici, Teil II. Grätzer, S. 41 ff. Schmoller, S. 198 ff.
[2] Die Gewerbesteuer ist nur als ein Appendix an die Klassensteuer zu betrachten. Vgl. Hoffmann S. 200.

Fortschritts, der in der Vereinheitlichung des Steuerwesens lag — schon den wirtschaftlichen Verhältnissen ihrer
Entstehungszeit nicht mehr völlig entsprachen; daß die folgenden
Jahre nach einer Umbildung des Systems im Sinne fort-
schreitender Berücksichtigung des Individualeinkommens und
der Beseitigung der mit der Mahl- und Schlachtsteuer gegebenen mannigfachen Ungerechtigkeiten und Belästigungen
geradezu hindrängten.

Die Reform von 1820 war einerseits bedingt durch die
Konsolidierung der preußischen Monarchie nach dem Wiener
Kongreß; anderseits durch das ständische Problem; dazu
kam die schlechte Finanzlage des Staates, der aus den
napoleonischen Kriegen mit einer Schuldenlast von 180 Millionen Taler [1] hervorgegangen war; ihre Tilgung bildete in der
Folgezeit die vornehmste Aufgabe der Finanzverwaltung. —
Die verschiedenen Gebietskomplexe, die teils früher schon zur
Monarchie gehört hatten, aber in den Kriegen mit Frankreich
verloren gegangen waren, teils neu hinzugeschlagen wurden,
mußten in der Gleichheit der Besteuerung eine höhere Einheit erhalten. Das ständische Problem, dessen Abschluß damals in nicht allzu weiter Ferne zu liegen schien, konnte nur
in engstem Zusammenhang mit der direkten Besteuerung
gelöst werden, deren Ausgestaltung durch die 1815 und
später verheißenen ständischen Rechte teilweise gegeben war[2].
Das Bedürfnis des Staates endlich war evident[3]. Anleihen
waren bei Rothschild in London und Frankfurt nur zu einem
Zinsfuß von 5 % unterzubringen[4]. Der Londoner Markt
erschloß sich überhaupt nur gegen „dingliche Sicherheit."
Dabei mußte man sich schlechte Übernahmekurse gefallen
lassen. Die vierprozentigen Staatsschuldscheine standen im
Sommer 1818 zwischen 65 und 67[5]; in den folgenden
beiden Jahren hielten sie sich ungefähr auf dem gleichen
Niveau (Dez. 1820 notierten sie 67), bis sie gegen Ende der
20er Jahre, gleichzeitig mit der allgemeinen finanziellen
Besserung, die Parität erreichten und mit kurzen Unter-
brechungen auch festhielten[6].

---

[1] Schmoller, S. 221. In diese Summe sind die provinziellen und
die unverzinslichen Schulden, das Defizit der Bank u. a. m. nicht ein-
gerechnet. Vgl. Brockhage, Zur Entwicklung des preußischen
Kapitalexports I, (Schmoller, Forschungen, H. 148) S. 113.
[2] Dieterici, S. 155. Vgl. I. G. Hoffmanns Denkschrift vom
21. Oktober 1817, Dieterici S. 190: „Die Klassifikation, welche man ent-
wirft, um eine Steuer zu erheben, muß auch brauchbar sein für das
Verfassungsgebäude."
[3] Dieterici, S. 303 ff.
[4] Brockhage, a. a. O. S. 105 f.
[5] Schmoller, S. 192.
[6] Dietericis Mitteil. 1855 S. 209 f.

Der Etat ließ sich bei aller erdenklichen Sparsamkeit nicht tiefer als auf 50 863 150 Taler herabschrauben. Wenn man die Einkünfte aus den Zöllen und indirekten Abgaben in Abzug brachte, so blieb noch etwas weniger als die Hälfte, ungefähr 24 000 000 Taler, durch anderweitige Steuern aufzubringen. 3½ Millionen entfielen auf Stempel- und Einschreibegebühren, deren gesetzliche Regelung bevorstand, annähernd 10½ Mill. auf die Grundsteuer. Dieser letztere Betrag ist in den folgenden Jahren fast konstant geblieben. Es ergab sich also ein Rest von etwa 10 Millionen, der durch die drei neuen Steuerarten: Klassen-, Gewerbe-, Mahl- und Schlachtsteuer aufkommen sollte. Wir werden noch sehen, daß sich diese Hoffnung als trügerisch erwies.

Fassen wir nach diesen Vorbemerkungen den Extrakt des Klassensteuergetzes [1] in wenigen Worten zusammen. Alle Einwohner, soweit sie nicht in den größeren mahl- und schlachtsteuerpflichtigen Städten ansässig waren, wurden von der neuen Abgabe betroffen. Einzelne Stände, darunter vornehmlich das Militär, waren eximiert; ebenso die Kinder unter 14 Jahren. Die Erhebung geschah nach Haushaltungen, in der untersten Stufe nach Art einer Kopfsteuer, wobei von jeder steuerbaren Person monatlich ein Groschen erhoben wurde. Die Einzelsteuernden zahlten regelmäßig die Hälfte ihrer Klasse als Personalsteuer. Die Klassifikation lag den Gemeindebehörden ob; den Vorsitz in der Einschätzungskommission führte der Landrat.

Die Idee der Abgabe ging auf J. G. Hoffmann [2] zurück. Ihre Begründung findet in seinen Schriften einen geradezu klassischen Ausdruck. Die ständische Gliederung der bürgerlichen Gesellschaft ist für ihn das Produkt historischer Entwicklung, „eine unentbehrlich gewordene Grundlage der geselligen Verhältnisse im öffentlichen und Privatleben auf unserer Bildungstufe." Dabei lassen sich zwanglos vier Kategorien unterscheiden: in den Städten die Patrizier, Großbürger, Kleinbürger und Beisassen; auf dem Lande die großen Grundherren, die Freigutsbesitzer, Bauern und Einlieger. Diesen Gedanken variiert Hoffmann unzählige Male [3], um das vielgestaltige soziale Leben zu Beginn des

---

[1] Vgl. Schimmelpfennig, Die preußischen direkten Steuern 1843. II, S. 1 ff.

[2] Vgl. Allg. D. Biogr. Bd. 12. S. 598 ff. (Inama) und Schmoller S. 214 f.

[3] Ich weise auf einige Stellen aus verschiedenen Werken hin: auf die Denkschrift von 1820, Dieterici, S. 271; auf die Steuerlehre S. 163 f.; ferner auf die „Übersicht über die allgemeinsten staatswirtschaftlichen Verhältnisse", S. 121 (Nachlaß kleiner Schriften 1847; auch erschienen in den Schriften der Akademie 1844). — Als Vorbild der Klassensteuer erwähne ich die mittelalterlichen Stadtsteuern; vgl. die zusammenfassenden Bemerkungen bei Wagner III. 1, S. 63 f.

19. Jahrhunderts nach ihm zu formen. Es sind nicht nur die Unterschiede des Besitzes, nach denen sich die bürgerliche Gesellschaft gliedert: auch des Berufs und der Bildung. Er geht in einer Altersschrift so weit, Unbildung und Besitzlosigkeit schlechthin zu identifizieren. Er übersieht zwar nicht, daß sich in die vier ständischen Kategorien Mittelstufen einschieben, aber bei dem Versuch, sie zu umschreiben, würde die „Arbeit den Wert ihres Ergebnisses" überschreiten. Die Einkommensteuer weist er mit Entschiedenheit — oft mit verhaltener Entrüstung — von sich; ihm schwebte die Erfahrung des Jahres 1812 warnend vor Augen[1]. Bei alledem ist er klug genug, sein Klassenschema, „die Vierteilung der gesamten Staatsbewohner", nicht in seiner Reinheit in die Praxis überführen zu wollen. Er gibt zu, daß sich in den Städten die Standesunterschiede verwischt, die sozialen Gebilde einander assimiliert hätten; daß ihre Bevölkerung aus oft schwer kontrollierbaren Elementen zusammengesetzt sei und oft wechsele: deshalb wäre auch die Klassensteuer nurmehr für das platte Land und höchstens für die Kleinstadt zu gebrauchen. In den größeren Kommunen solle daher die Mahl- und Schlachtsteuer an ihre Stelle treten.

Dem kleinen Grundbesitzer und Handwerksbetriebe, die mehr und mehr der Proletarisierung anheim fielen, müßte innerhalb des Klassensteuerschemas eine besondere Zwischenstufe eingeräumt werden.

So steigt das System der direkten Besteuerung, wie es nach Hoffmanns Intentionen im Gesetz vom 30. Mai 1820 realisiert wurde, in fünf Klassen, die der Gliederung der bürgerlichen Gesellschaft entsprechen sollten, vor uns auf[2]. Dabei hatte es jedoch nicht lange sein Bewenden. Auf Antrag des Finanzministers wurde durch die Verordnung vom 5. September 1821 das Klassenwesen neu geordnet: vier Hauptstufen mit je drei Unterstufen eingeführt[3], das Kapital durch

---

[1] Vgl. Mamroth, Geschichte der preußischen Staatsbesteuerung im 19. Jahrhundert I S. 128 ff.

[2] Von prinzipieller Bedeutung war die Instruktion vom 25. Aug. 1820 (Schimmelpfennig, a. a. O. S. 10 f.). Es heißt dort: Die Klassensteuer soll zwischen einer ohne genaues Eindringen in die Vermögensverhältnisse der Pflichtigen nicht ausführbaren und deshalb immer gehässigen Einkommensteuer und einer die Gesamtmasse aller Einwohner ohne allen Unterschied treffenden Kopfsteuer die Mitte halten und die verschiedenen Klassen der Pflichtigen nach einer auf wenigen und leicht erkennbaren Merkmalen beruhenden Abstufung besteuern.

[3] Es ergibt sich folgendes Schema: Von jeder Haushaltung wurden erhoben monatlich:
in der 1. Klasse 12, 8 und 4 Taler,
in der 2. Klasse 2, $1\frac{1}{2}$ und 1 Taler,
in der 3. Klasse $\frac{2}{3}$, $\frac{1}{2}$ und $\frac{1}{3}$ Taler,
in der 4. Klasse $\frac{1}{4}$ und $\frac{1}{6}$ Taler; $\frac{1}{24}$ Taler in der untersten Stufe: nur Einzelsteuernde.

Erhöhung des Maximalsatzes von 48 auf 144 Taler jährlich
bedeutend stärker herangezogen. Auch Modifikationen mit
sozialpolitischer Tendenz erwiesen sich als notwendig. Eine
Kabinettsordre vom 21. April 1827 ließ die Steuerpflicht in
der untersten Stufe mit dem 60. Lebensjahre aufhören; eine
andere vom 18. Juni 1828 rückte den Eintritt in das steuerpflichtige Alter in das 16. Lebensjahr hinauf. Bemerkenswert
war die Kontingentierung der Klassensteuer in der Rheinprovinz. Der erste rheinische Provinziallandtag von 1826
hatte einen dahinzielenden Antrag eingebracht. Die Maßregel
ist in der finanzwissenschaftlichen Literatur ziemlich unbekannt;
ich gehe deshalb näher darauf ein[1].

Der Antrag der Stände war datiert vom 5. Januar 1827.
Die Beschwerde war eine doppelte. Zunächst habe man sich
zu beklagen über die Verschiedenheit der Ansichten, die sich
bei Anwendung der Klassifikationsmerkmale ergeben hätte.
Es wäre so weit gekommen, daß viele unbemittelte Steuerpflichtige drückende Abgaben zu leisten hätten, während andere,
die, nach ihrer Wohlhabenheit zu urteilen, beträchtliche Steuern
zahlen könnten, nicht „nach ihren Verhältnissen" herangezogen
würden. Als Gegenmittel schlug man vor, den Klassensteuer-
beitrag zu kontingentieren. Das Kontingent solle alle drei
Jahre neu ermittelt und für die nächste Zeit auf eine Million
Taler festgelegt werden. Die Absicht der Stände lag klar
zu Tage: Die Klassensteuer wurde durch die Kontingentierung
elastischer. Das Quantum an Gewerbe- und Grundsteuer,
das auf dem einzelnen ruhte, konnte bei der Veranlagung in
Rechnung gesetzt werden; der Rentner z. B., der an diesen
beiden Abgaben nur in sehr geringem Verhältnis partizipierte,
zwanglos in eine höhere Klasse aufrücken, als es durch seine
wirklichen Einkünfte gerechtfertigt schien. Diesem Gedanken
entsprechend sollte das Gesamtsteuerquantum auf die einzelnen
Regierungsbezirke und Kreise umgelegt werden. Man ging
die Regierung darum an, die Bevölkerung, die Grund- und
Gewerbesteuer als Unterlage der von den einzelnen Kreisen
aufzubringenden Steuersummen zu wählen. Bei der Verteilung
wurde die Mitwirkung ständischer Organe in Aussicht genommen. — Ein zweiter Grund zur Beschwerde lag nach
Ansicht der Stände darin, daß in den oberen Steuerklassen
die Abstufungen zu weit voneinander entfernt lägen. Die
Notwendigkeit, die Pflichtigen im Zweifelsfalle in die nächst-
höhere Steuerstufe einzuschätzen, hätte besonders dazu bei-
getragen, die ganze Abgabe im Publikum „gehässig" zu
machen. Es wäre notwendig, das Klassenschema durch Ein-

---

[1] Vgl. Hauer, Statistische Darstellung des Kreises Solingen 1832,
S. 196 f. — Viebahn, Statistik und Topographie des Reg.-Bez. Düsseldorf 1836, S. 249. F. M. namentl. Klassen-St. Gen. Nr. 26 d.

fügung neuer Zwischensätze einer kapitalistisch reicher ge-
gliederten Gesellschaft anzupassen.

Die Rheinlande waren damals die fortgeschrittenste Provinz
der Monarchie. Die Bevölkerung, dichter als irgendwo sonst,
abgestuft nach „unendlich verschiedenen Lebens- und Erwerbs-
verhältnissen", gewöhnt an die französische Personal- und
Mobiliarsteuer mit ihrer großen Zahl von Anschlagssätzen,
mußte die Klassensteuer und ihren ständischen Charakter
schon früh als unerträglich empfinden; der Widerspruch
hatte sich gleich nach der Finanzreform von 1820 gezeigt[1].
Im Jahre 1827 blieben die rheinischen Stände mit ihren Anträgen nicht mehr vereinzelt. Ähnliche Petitionen lagen aus
dem Osten der Monarchie, aus Preußen und Pommern, vor;
sie waren vom Könige abschlägig beschieden worden. In
dieser prinzipiell negierenden Haltung der Regierung lag schon
von vornherein eine Möglichkeit, daß auch die Rheinlande
mit ihren Vorschlägen wenig Glück haben würden, besonders
da sie in einem Punkte, der Einfügung neuer Zwischensätze,
über die Wünsche der östlichen Provinzen hinausgingen. Man
vermutete, die Rheinprovinz möchte nach eingetretener Kontingentierung den M o d u s   d e r   A u f b r i n g u n g des Klassen-
steuerquantums mit sich allein ausmachen; die Schaffung
dieses Sonderrechtes wäre überhaupt der Hauptzweck des
ganzen Manövers. „Gegen eine solche provinzielle Absonderung
aber", so meinte der Finanzminister v o n M o t z in seinem
Votum, „muß ich mich pflichtmäßig und dringendst erklären.
Gerade unser Staat hat seiner geographischen und historischen
Konstruktion nach umsomehr Ursache unter den Banden,
welche die einzelnen Provinzen zusammenhalten und nach
und nach zu einem festen Ganzen verschmelzen sollen, die
Einheit der Gesetzgebung nicht aufzugeben." Neben dies
Bedenken, das aus der durch die Finanzreform von 1820
hergestellten Einheit der Steuergesetzgebung entsprang, trat
noch ein zweites, finanzielles: Der Staat könne sich mit einem
Kontingent von einer Million Taler nicht begnügen. Das
Sollaufkommen nach der Veranlagung von 1826 wäre ein
höheres. Daß aber Preußen damals von der Steuerleistung
seiner Bürger nichts nachlassen konnte, hat die frühere Darstellung gezeigt.

Der Staatsrat befaßte sich in der Sitzung vom 28. März
1827 mit der rheinischen Proposition. Ein ausführliches
Protokoll ist nicht erhalten. Die Fassung des Landtags-
abschieds, die dem Könige vorgelegt werden sollte, wich
insofern von dem Votum des Finanzministers ab, als sie die
Hoffnung auf eine zukünftige, den rheinischen Wünschen ent-

------

[1] Grätzer, S. 57.

sprechende Neuordnung der Steuerverhältnisse nicht völlig
ausschloß. Man wollte augenscheinlich die Angelegenheit
zunächst dilatorisch behandeln; die entgegenstehenden Bedenken sollten erwogen, ausgearbeitet und den Ständen vorgelegt werden; es bliebe ihnen dann immer noch unbenommen,
„dieserhalb bestimmter zu fassende Anträge zu bilden". Unbedingt müsse das Klassensteuergesetz von 1820 als Grundlage festgehalten werden.

Die Entscheidung des Staatsrats wurde den rheinischen
Ständen durch den Landtagsabschied vom 13. Juli 1827 über-
mittelt.

Die Regierung ging in der Fortführung der Angelegenheit
mit Vorsicht zu Werke. Der Finanzminister ließ sich bei
einer Reise in die Provinz durch persönliche Nachfragen bei
„mehreren Behörden und unterrichteten Beamten" über die
Motive aufklären, aus denen heraus man die Kontingentierung
verlange. Er fand, daß die Veränderung hauptsächlich wegen
der aus der Maßregel sich ergebenden, vertieften Einwirkung
der Gemeinden auf die Eingesessenen gewünscht werde; auch
der Unmut über die gegen das Sinken der Steuer geführte
Kontrolle seitens der Provinzialregierungen würde häufig unter
den Motiven aufgeführt. Zur Klärung der ganzen Frage
wurde eine Konferenz der Regierungspräsidenten, unter dem
Vorsitz des damaligen Oberpräsidenten v o n I n g e r s l e b e n,
in Koblenz einberufen.

Der Finanzminister formulierte der Versammlung gegenüber noch einmal scharf den Standpunkt der Regierung: Die
Hauptbedingung für ein Zustandekommen der Maßnahmen
wären Garantien dafür, daß weder das wirkliche Aufkommen
der Steuer noch ihr prompter Eingang gefährdet würden; endlich dürfe auch die Aussicht auf eine allmähliche Erhöhung
der Steuer nach Maßgabe steigender Bevölkerung nicht aus-
geschlossen bleiben. Die wesentliche Differenz zwischen dem
beiderseitigen Standpunkt lag in der Verteilung des Gesamt-
steuerquantums auf die Bezirke und Kreise; wir werden sofort
darauf zurückgreifen. An dieser Stelle nur noch eine Bemerkung über den historischen Verlauf der Angelegenheit.
Gegen die Einschaltung neuer Zwischenstufen machte die
Regierung Bedenken geltend[1]. Die positiven Vorschläge, die
der Minister der Konferenz mitgeteilt hatte, wurden von dieser
in einigen Punkten abgeändert, um dann großenteils in der
neuen Gestalt vom Könige akzeptiert zu werden. Die ver-
sprochene ausführliche Denkschrift ging dem rheinischen

---

[1] M o t z zog in Erwägung, ob durch die Einfügung von Zwischenstufen nicht das Klassensteuerprinzip durchbrochen werde; überdies
ständen in der untersten Steuerklasse die Sätze schon so nahe beieinander, daß es unmöglich wäre, dort Zwischenstufen einzuschieben.
Damit würde aber die Maßnahme für $9/10$ der Bevölkerung unwirksam.

Provinziallandtage unter dem 4. Mai 1828 zu; am 16. Juni
wurde der ständische Antrag formell erneuert.

Nach den Plänen der Regierung hatte man das Klassen-
steuersoll der Rheinprovinz ursprünglich auf Grund der Bevölkerung bestimmen wollen. Durch die Konferenz in Koblenz
war man davon überzeugt worden, daß unter den bestehenden
Verhältnissen in der B e v ö l k e r u n g ein Anhaltspunkt für
die Bemessung der Gesamtsteuersumme nicht zu finden wäre [1].
An ihre Stelle trat in den Entwürfen nun die Zahl der selbständig Steuernden (Censiten), der Haushaltungen und der
Einzelsteuernden. Soweit konnten wohl auch die Stände dem
Minister beistimmen. In der Art, wie sie das Kontingent auf
die Bezirke umlegen wollten, wandelten sie eigene Wege;
hier strebten sie bewußt der Einkommensteuer, oder vielmehr
dem zu, was sie unter Einkommensteuer verstanden. Nach
ihrer Meinung war schon die Klassensteuer „faktisch" eine
eigentliche Einkommensteuer, eine direkte Steuer „in zweiter
Potenz"; aber zu einer befriedigenden Wirksamkeit fehlte ihr
doch noch etwas; diese letzte Korrektur sollte sie nun erhalten.
Wir erinnern uns an die Vorschläge, die die Stände in Beziehung auf die „Subrepartition" gemacht hatten; die Kreis-
kontingente sollten sich in ihrer Höhe nach der Bevölkerung,
dem Grundbesitz und dem Gewerbe richten, d. h. nach Daten,
„welche den wirklichen Vermögensstand am zuverlässigsten
repräsentieren". Was den Ständen vorschwebte, war ohne
Zweifel die Verwandlung der Klassensteuer in eine Abgabe,
die geeignet wäre, als Ergänzung eines Ertragsteuersystems
zu dienen; sie sollte den Gewinn aus Grundbesitz und Gewerbe „ausgleichend" treffen. Die Erinnerung an die französischen Verhältnisse, an den dehnbaren Charakter der
Personal- und Mobiliarsteuer, war in den ständischen Anträgen
fühlbar. Es war ein Irrtum, wenn man die Abgabe nun als
E i n k o m m e n s t e u e r bezeichnen wollte; sie war nichts anderes
als eine Supplementsabgabe. Wenn früher die K l a s s e die
Unterlage für die Einschätzung abgegeben hatte, so sollte jetzt
die w i r t s c h a f t l i c h e S i t u a t i o n an ihre Stelle treten.
Es ist nicht uninteressant, darauf hinzuweisen; die selbständige Bedeutung des im folgenden Abschnitte zu be-
sprechenden Regierungsentwurfs von 47 wird dadurch deutlicher gemacht.

Die Regierung hätte die ständische Proposition nur gut-
heißen können, wenn sie die Basis der Klassensteuer hätte
vernichten wollen. So hielt sie an ihrer ursprünglichen Absicht
fest, die Subrepartition im wesentlichen auf die Klassen-

---

[1] Es wurde eingewendet, „daß die Beitragsfähigkeit nicht im
gleichen Verhältnis mit der zunehmenden Volksmenge steige, weil
die Vermehrung der Zahl vorzüglich unter 14 Jahren stattfinde" usw.

steuerveranlagung zu gründen. Eine geringfügige Konzession wurde dem ständischen Willen allerdings gemacht. In den Bezirken nämlich, wo man sich von dem Bedürfnis einer Ausgleichung überzeugt hätte, sollten 90 % nach dem Maßstabe des Klassensteueraufkommens, 10 % nach „den gemischten Verhältnissen der Bevölkerung und der Gewerbesteuer" umgelegt werden[1]. Das Kontingent wurde zuerst 1830 für die rheinischen Bezirke nach der im Jahre 1828 aufgekommenen Steuer fixiert. Eine Kommission von Landräten und kreisständischen Abgeordneten verteilte es unter die einzelnen Kreise; den Vorsitz führte ein Vertreter der Regierung. Seit 1832 schlug man ein anderes Verfahren ein; der Vermögenstand der Pflichtigen wurde genau nachgeprüft; so erhielt man ein exakteres Bild „der Verhältnismäßigkeit der Besteuerung".

Gleichzeitig wurde das Klassensteuerschema durch Einfügung von Zwischenstufen ausgeweitet. Dieselben wurden lediglich in den drei obersten Klassen eingefügt; in der vierten blieb alles beim alten (§ 14 d. Regulativs v. 2. Juni).

Der ständische Charakter der Einkommensbesteuerung war damit in der Rheinprovinz vernichtet; die Leistung des einzelnen wurde nicht mehr auf eine Klasse bezogen, sondern auf die Gesamtsteuersumme, das Kontingent. Es war nicht weiter verwunderlich, daß man bestrebt war, dies Verhältnis möglichst genau zu bestimmen: darin lag der Zusammenhang zwischen den beiden Maßnahmen. Über die Wirkung der Kontingentierung spricht Hauer sich günstig aus: Es sei dadurch viel Willkür beseitigt und mancher Beschwerde abgeholfen worden. Auf die Dauer scheint sie sich nicht bewährt zu haben. Die Provinzialstände baten den König mehrfach um ihre Aufhebung, während sie an dem neuen Klassensteuerschema festhalten wollten. Wohl am nachdrücklichsten gab der Provinziallandtag von 1845 diesem Verlangen Ausdruck.

An dieser Stelle läßt sich noch ein auf den Besteuerungsausgleich von Stadt und Land gerichtetes Moment erwähnen, das für die Regierung 1820 eine große Rolle spielte, allerdings nicht in die Praxis überführt worden ist. Die bisherigen Schilderungen gehen nicht näher darauf ein[2]. Es ist für unsere Darstellung von Interesse, weil wir hier zum ersten Male Gedankengängen begegnen, die das Gesetz von 1851 verwirklicht hat. Die Frage war, ob in den größeren Städten, wo keine Klassensteuer bestände, die Wohlhabenderen — etwa die beiden obersten Hauptstufen — in die Klassensteuer ein-

---

[1] Regulativ vom 2. Juni 1829, § 7. Schimmelpfennig, a. a. O. S. 28 f.
[2] Bei Dieterici erwähnt, S. 413, 430 und 439, aber nicht weiter ausgeführt. Vgl. St.A. Rep. 151 f. D. 4.

zubeziehen wären. Der Staatsrat entschied sich in der Sitzung
vom 24. April 1820 [1] dahin, Vorschläge und Erhebungen des
Finanzministeriums abzuwarten.

Wir müssen im Auge behalten, daß vornehmlich eine
gerechtere Verteilung der Lasten zwischen Stadt und Land
angestrebt wurde. Daneben hoffte man auf Verbesserung der
finanziellen Resultate. Aus den Äußerungen einzelner Staatsmänner klang eine Art sozialpolitischer Erwägung, nämlich
die unteren Volksschichten auf Kosten der oberen zu entlasten.
Es ist fraglich, ob durch Übergreifen der direkten Besteuerung
in die Sphäre der Mahl- und Schlachtsteuer eine gerechtere
Verteilung erreicht worden wäre. Eine einfache Übertragung
der Klassensteuer in den oberen Stufen auf die zu ihrer
Kompetenz gehörende Bevölkerung in den mahl- und schlachtsteuerpflichtigen Städten hätte natürlich eine Überlastung
dieser Einwohnerschicht zur Folge gehabt. Die Sätze mußten
entweder erniedrigt oder am Ende eines jeden Jahres eine
Entschädigung für die gezahlte Mahl- und Schlachtsteuer gewährt werden. Die einzelnen Regierungpräsidien, deren Gutachten die Regierung durch eine Verfügung vom 17. Juni 1820
eingefordert hatte, äußerten sich fast durchweg ablehnend.
Man wies nach, daß die reicheren Einwohner in den mahl-
und schlachtsteuerpflichtigen Städten vor dem platten Lande
eher benachteiligt als bevorzugt würden [2]. Man betonte, daß
die neuen Abgaben mehr „finanziell als ausgleichend" wirken
sollten und brachte, um eine stärkere Belastung der Wohlhabenden herbeizuführen, Luxus- und Weinsteuern [3] in Vorschlag. Von Cöln aus kam bei dieser Gelegenheit die Anregung, gewisse dem erhöhten Einkommen entsprechend
progressive Sätze zu fixieren: die Ansätze zu einer Einkommensteuer in die Praxis zu überführen.

Entscheidend wurde aber doch wohl die Erwägung, daß
die Ausdehnung der Klassensteuer auf bestimmte Bevölkerungskreise in den mahl- und schlachtsteuerpflichtigen Städten nur
sehr geringe finanzielle Resultate gehabt hätte. Aus Stettin
schrieb man, „daß auf nennenswerte Einnahmen aus diesem
Departement nicht zu rechnen sei, da sämtliche Städte und
vorzüglich Stettin seit 1806 an Wohlstand sehr verloren hätten".
Dasselbe hörte man aus Breslau; von dort erhielt man auch
eine genauere Berechnung, die den finanziellen Erfolg der

---

[1] Dieterici, S. 413.
[2] Finanzminister K l e w i t z in dem zusammenfassenden Bericht an
den König (4. Aug. 1820): „Von einer reicheren Familie, welche die
höchste Klassensteuer zahlen muß, werden, mit Inbegriff der Personen-
steuer von 4 Domestiken, 50 Taler erhoben." Der oberste Klassen-
steuerersatz hingegen betrug vor 1821 nur 48 Taler.
[3] Trotz der schlechten Erfahrungen von 1810. Vgl. Mamroth,
a. a. O., S. 531 ff.

Maßregel für den ganzen Regierungsbezirk auf 24792 Taler
festlegte. Auch das charakteristische Bedenken, daß man sich
durch ein derartiges Vorgehen gerade diejenigen Klassen ver-
feinde, „welche mit dem Besitz des größten Einflusses eine
vorzügliche Neigung zur Opposition verbänden", tauchte mehrfach auf; die Mißstimmung gegen die neue Abgabe wäre sowieso groß genug und dürfe nicht durch unbequeme Zusatzbestimmungen gesteigert werden. Einen Fürsprecher fand die
Heranziehung der Reicheren in den mahl= und schlachtsteuerpflichtigen Städten zur Klassensteuer fast allein in dem westfälischen Oberpräsidenten von Vincke, der darin einen
Ersatz für die „bestimmt zu erwartenden bedeutenden Ausfälle"
an dem Soll-Aufkommen der neuen Steuern erblickte. Trotzdem
nahm der König auf Klewitz' Bericht hin von der Maßnahme Abstand.

Vinckes skeptische Betrachtung der Voranschläge Hoffmanns war durchaus berechtigt. Erst das Jahr 1828 brachte
ungefähr den Ertrag, auf den man 1821 gerechnet hatte.

Versuchen wir nun, die Resultate der Klassensteuer und
ihre Wirksamkeit in den einzelnen Volkskreisen bis 1848
statistisch festzulegen. Wir werden daraus nicht uninteressante
Folgerungen für die Notwendigkeit einer Reform ziehen können.
Zuerst noch einige Worte über die Quellen, aus denen die
Bemerkungen geschöpft sind. Statistische Angaben für die
ältere Zeit sind immer mit einigem Mißtrauen zu betrachten [1];
regelmäßige Publikationen, wie sie für den preußischen Staat
Dieterici [2], der Nachfolger J. G. Hoffmanns in der
Leitung des statistischen Amts, 1848 eingeführt hat, gab es
damals noch nicht. Man ist in der Hauptsache angewiesen
auf die zeitgenössische Literatur über den betreffenden Gegenstand, die hin und wieder statistische Mitteilungen nach privaten
Erkundigungen des Verfassers enthält, oder aber auf die
Dietericischen Publikationen, die in manchen Angaben, so
namentlich über Gewerbeverhältnisse, in die Vergangenheit
zurückgreifen. Daneben gibt es eine Reihe von wertvollen
Bezirks- und Kreisstatistiken, von denen wir zwei, die Ar-
beiten von Viebahn und Hauer angeführt haben [3].

Allgemeine Übersichten über agrar- und gewerbepolitische
Verhältnisse, über die zahlenmäßigen Verschiebungen innerhalb
der Bevölkerung und ihre Verteilung auf die einzelnen Berufs-
klassen lassen sich bis 1843 einigen wertvollen Publikationen
des statistischen Bureaus entnehmen, die jedoch in ziemlich

---

[1] Ich verweise auf die Divergenz in den Bevölkerungszahlen bei
Hoffmann, S. 172, und Dieterici, Handb. d. Stat. d. preuß. Staates, S. 154.

[2] Mitteil. d. stat. Bureaus in Berlin 1848 ff.

[3] Vgl. auch Neumann in Conrads Jahrb. 3. F. 1892. IV.
S. 366 ff.

bedeutenden Abständen voneinander erschienen sind[1]; erst seit 1843 erhalten wir die vollständigen Tabellen, sowie sie im statistischen Amt zusammengestellt wurden. Mit dem Jahre 1848 setzen die erwähnten „Mitteilungen" Dietericis ein.

Für die Finanzstatistik kommen bis zum Ende der dreißiger Jahre fast ausschließlich die Angaben Hoffmanns[2] in Betracht. Sie sind hier zugrunde gelegt. Ferner konnte noch eine ausführliche Darstellung des statistischen Amtes zu Rate gezogen werden, die für das Jahr 1849 „die Resultate der Verwaltung des preußischen Staates" zusammenfassen sollte[3]. Eine Übersicht der veröffentlichten Budgets findet man bei Reden[4]; dort ist aus den Reineinnahmen, die bis 1844 allein mitgeteilt wurden, das Rohaufkommen berechnet. Die Zahlen von 1840—45 sind ebenfalls einem Aufsatze von Reden[5] entnommen. Für die Zeit nach 1847 besitzen wir spezialisierte Angaben in den Etats[6]. Die Bevölkerung in den klassensteuerpflichtigen Orten ließ sich für die einzelnen Jahre nicht immer feststellen.

	Bevölkerung in den klassen- steuerpflich- tigen Ort- schaften	Betrag der Klassen- steuer in in Talern	Zunahme der Be- völkerg. in % für einzelne Jahre	Zunahme resp. Ab- nahme der Klassen- steuer in % für einzelne Jahre
1822 . . .	9 853 671	6 723 006	—	—
1825 . . .	10 376 253	6 742 236	—	—
1828 . . .	10 853 513	6 817 035	—	—
1831 . . .	11 211 436	6 806 109	13,8	1,2
1834 . . .	11 502 308	6 926 031	—	—
1837 . . .	12 046 081	7 099 304	—	—
1840 . . .	—	7 287 171	—	—
1843 . . .	13 292 719	7 482 560	—	—
1845 . . .	13 524 537	7 618 120	20,6	11,9
1847 . . .	—	7 348 823	—	—
1848 . . .	13 908 340	7 406 000	—	— 0,6

Betrachten wir nun die gewonnenen Resultate etwas genauer. Es ist auf den ersten Blick klar, daß sich in unserer Statistik drei Einschnitte machen lassen. Für die Zeit von 1822—1831 konstatieren wir ein starkes Anwachsen der Be-

[1] Zitiert bei Dieterici, Stat. Tab. 1845, S. 3.
[2] Lehre von den Steuern.
[3] Tab. über den preuß. Staat f. d. Jahr 1849. Heft IV. Berl. 1853. — Die hier gegebenen Nachrichten über die Klassensteuer lassen interessante Schlüsse auf die Verteilung der Wohlhabenheit innerhalb des preuß. Staates zu.
[4] Finanzstatistik II 2, S. 95 ff.
[5] Zeitschr. d. Vereins f. Stat. 1847. S. 329 ff.
[6] Vgl. Reden, a. a. O. S. 264.

völkerung — wurde doch Preußen, was die Volksvermehrung
anging, in ganz Europa nur noch von dem kleinen Königreich
Sachsen übertroffen —, dem eine verschwindend geringe Vermehrung der Klassensteuerbeträge parallel ging. Schon H o f f -
m a n n klagt, daß „der Gesamtbetrag der Klassensteuer zwar
m i t der Bevölkerung, aber nicht w i e die Bevölkerung, sondern
in viel geringerem Verhältnisse gewachsen" sei. Eine Besserung
trat zu Beginn der dreißiger Jahre ein. Hier wäre der zweite
Einschnitt zu machen. Die Tatsache ist merkwürdig; man
sollte annehmen, daß die Heraufrückung des steuerpflichtigen
Alters vom 14. in das 16. Lebensjahr und die Kabinettsordre
vom 21. April 1827 in n e g a t i v e m Sinne auf die Klassensteuerbeträge eingewirkt hätten. Der Grund für die allmähliche
Besserung lag in dem raschen Anwachsen der Bevölkerung,
das solche Ausfälle bald ausglich, und besonders in einem
stärkeren Anziehen der Steuerschraube. H o f f m a n n erwähnt
„die größere Sorgfalt bei den Aufnahmen". H a u e r weiß
das gleiche für die Rheinprovinz zu berichten. Die letzte
Etappe wird umgrenzt durch die Jahre 1845 und 1848. Die
Verminderungen der Erträge[1] erklärt sich aus den Mißernten
und Hungersnöten von 1846 und 1847, aus der politischen
Spannung, die es zu rationeller Steuererhebung nicht kommen
ließ, und der Revolution von 1848.

Es ist jedenfalls kein Grund vorhanden, aus den ver-
mehrten Einkünften der dreißiger Jahre eine erhebliche
Steigerung des Reichtums[2] und der allgemeinen Wohlhabenheit
herzuleiten. Die wirtschaftliche Situation hatte sich allerdings
in manchen Zügen gebessert. Die Nachwehen der Kriegszeiten waren völlig überwunden. Der Staat konnte sogar
1830 dazu übergehen, seine 5 %igen Schulden in 4 %ige zu
verwandeln[3]. Der Kurs der Staatsschuldscheine hatte sich
im März auf beinahe 102[4] gehoben, wich jedoch, unter dem
Eindruck der politischen Ereignisse, im Laufe der nächsten
Monate um 20 %. Die unheilvolle Agrarkrisis, die bis zur
Mitte der zwanziger Jahre namentlich für den Großgrundbesitz immer bedrohlichere Formen angenommen hatte, war
vorüber; an ihre Stelle war ein merkbarer Aufschwung in der
Landwirtschaft getreten[5]. Namentlich der schrittweise Über-

---

[1] Das I s t - Einkommen an Klassensteuer blieb z. B. 1847 rund
650 000 Taler hinter dem Soll - Aufkommen zurück. F. M. KlassenSt.
Gen. Nr. 32.
[2] Aus einer Berechnung des Klassensteuersollaufkommens in der
ersten Klasse für 1849 und 1850 zieht D i e t e r i c i den Schluß, „daß
w e n i g e in der Nation zu den Wohlhabenden und Reichen zu rechnen
sind, die in diese erste Hauptklasse gehören." Tab. über den preuß.
Staat f. 1849, IV. S. 98.
[3] Schmoller, S. 222. Brockhage a. a. O. S. 124.
[4] Dietericis Mitteil. 1855, S. 233.
[5] Brockhage a. a. O. S. 63 f.

gang Englands zum Freihandel sollte dem preußischen Kornexport in der Folge zugute kommen. Der Diskontsatz, der
unter der Beängstigung einer nahenden internationalen Krisis
und bei der gesteigerten Spekulationslust[1] in Berlin Mitte
Juni 1824 auf 12 %[2] gestiegen war, ebbte schon gegen Ausgang der zwanziger Jahre allmählich ab. In der Lage der
Kleingewerbe war jedoch trotz der eingetretenen Gewerbefreiheit gegenüber 1800 kaum eine Besserung zu verzeichnen[3].
Nur die für den äußeren Lebensbedarf tätigen Handwerke
hatten an Umfang zugenommen. Von einer modernen Großindustrie — abgesehen von der Textilbranche — konnte zu Beginn
der dreißiger Jahre noch kaum die Rede sein. Und gerade
hier machte sich die überlegene Konkurrenz Englands unangenehm fühlbar. An die Stelle des Exports von Leinengarnen aus dem Nordosten, der noch zu Anfang der zwanziger
Jahre eine bedeutende Rolle gespielt hatte, trat englischer
Import. Die schlesische Weberei ging ihren schlimmsten
Zeiten entgegen. Die Ausbeute und Verwertung der Bodenschätze: Kohle und Eisen wurde in den veralteten Organisationsformen, mit geringem Kapitalbedarf unternommen[4]. Das
private Bankgeschäft war in der Entstehung begriffen und
machte bis 1840 nur geringe Fortschritte. Das Bankhaus
R o t h s c h i l d diente in der Hauptsache nur der Vermittlung
zwischen dem westeuropäischen Kapitalmarkt und dem Geldbedürfnis der mittel- und osteuropäischen Staaten. Die Entwicklung des Getreide- und Wollhandels bewegte sich allerdings in aufsteigender Linie. Hier machte sich auch ein
größeres Kapitalbedürfnis fühlbar[5].

Die Hausindustrie als Betriebsform mußte der Manufaktur,
die eine „geschäftsmäßige" Einheit des Gesamtbetriebes herstellte, und dem vordringenden Fabriksystem weichen. Die
Die Zahl der in den Fabriken beschäftigten Männer stieg
zwischen 1831 und 1849 von 3,3 % auf 4,37 % der erwachsenen
männlichen Bevölkerung[6]. Sämtliche Betriebsformen wetteiferten geradezu darin, durch intensive Ausnutzung des Arbeitstages, durch Kinderarbeit und Nachtdienst, die Angestellten
auszubeuten, gleichzeitig die Löhne herabzudrücken. Daran
mag auch die schlechte Konjunktur mitschuldig gewesen sein.
Eine Leinenweberfamilie verdiente 1830 noch 10 Sgr. täglich,
1840 nur noch 2[7]. Auf dem Lande lagen die Lohnverhält-

---

[1] Brockhage, S. 159.
[2] Stat. Jahrb. II, 1867, S. 175.
[3] Vgl. Schmoller, Zur Geschichte der deutschen Kleingewerbe im
19. Jahrhundert, S. 55.
[4] Schmoller, Grundriß I, S. 504. Brockhage a. a. O. S. 68.
[5] Brockhage a. a. O. S. 89.
[6] Stat. Jahrb. II, 1867, S. 261.
[7] Schmoller, Grundriß I, S. 488.

nisse analog. Der von den preußischen Forstverwaltungen gezahlte Tagelohn betrug durchschnittlich im Osten der Monarchie 63,7 Pfg. (heutigen Geldes), im Westen 75 Pfg. täglich[1]. Wohl selten haben sich die handarbeitenden Klassen in einer schlechteren Situation befunden.

Damit kommen wir auf die folgende Tabelle. Sie illustriert das „Aufkommen des Proletariats", wie es sich aus der Klassensteuerstatistik, angelegt nach den Beiträgen der einzelnen Hauptstufen zum Gesamtaufkommen in verschiedenen Jahren oder Jahresdurchschnitten, mit einiger Sicherheit entnehmen läßt.

Vorher noch eine Bemerkung: Es ist unrichtig, wenn behauptet wird, erst das Jahr 48 hätte „die soziale Frage" in den Vordergrund gerückt. Das Wort „Pauperismus" und die verschiedenen Probleme, die damit zusammenhängen, tauchen schon in der Literatur gegen Ende der dreißiger Jahre auf. Wir besitzen aus dem Anfang der vierziger Jahre detaillierte Monographien über die traurige Lage einzelner Berufsstände, einzelner Gewerbe in bestimmten Distrikten. Das wirtschaftliche Charakteristikum des ganzen Zeitraums sind s t e i g e n d e L e b e n s m i t t e l p r e i s e   u n d   s t a g n i e r e n d e   L ö h n e. Die freie Korneinfuhr nach England (seit 1846) fiel für die Folgezeit erschwerend in die Wagschale; dadurch wurde dem inländischen Markt ein Teil der Ernte entzogen, das Mißverhältnis zwischen Produktion und Konsumtion noch gesteigert[2].

	Anteil der 1. Hauptstufe am Klassensteueraufkommen auf 1000 Taler	Anteil der 2. Hauptstufe am Klassensteueraufkommen auf 1000 Taler	Anteil der 3. Hauptstufe am Klassensteueraufkommen auf 1000 Taler	Anteil der 4. Hauptstufe am Klassensteueraufkommen auf 1000 Taler
1821/6	36,2	168,4	362,3	433,1
1833/8	35,4	161,5	337,4	465,7
1845	37,9	153,4	314,3	494,4
1848	46,0	155,2	309,6	489,2

Was in der Übersicht zunächst auffällt, ist das konstante Wachsen der Steuerbeträge in der untersten Klasse, das auf eine erhebliche Vermehrung der Steuernden hindeutet. Die Summen stiegen natürlich nicht nur r e l a t i v, sondern auch a b s o l u t sehr beträchtlich. Eine Parallelerscheinung war die Zunahme der Haushaltungen in der 10. und 11., der Einzelsteuernden in der 12. Stufe. Ihren Anteil an dem Gesamtaufkommen veranschaulicht die folgende Berechnung.

---

[1] Nach Neumann.
[2] Florencourt, Archiv f. politische Ökonomie, N. F. VII, S. 61.

Anteil der untersten Stufe der letzten
Hauptklasse am Klassensteueraufkommen
auf 1000 Taler

1821/6 182,2
1833/8 192,2
1845 221,9
1848 229,2

Die bedrohlichste Zunahme des Proletariats scheint demnach in den Anfang der vierziger Jahre zu fallen. Die Bei-
träge der 1. Hauptstufe hoben sich bis 1845 relativ nur wenig,
in der Revolutionszeit beträchtlich; möglicherweise durch frei-
willige Zulagen, während der Anteil der beiden Mittelklassen,
die den höheren und niederen Bürgerstand repräsentierten,
fast konstant abnahm. Es hat den Anschein, als ob „die Mittel-
sprossen aus der sozialen Leiter ausgebrochen worden seien".
Man wird nicht fehlgehen, wenn man annimmt, das Proletariat
habe einen Teil des Kleinbürgerstandes in diesem Zeitraum
absorbiert.

Um die Unzufriedenheit mit der Klassensteuer, den Druck,
den sie in der untersten Stufe erzeugte, richtig zu werten,
müssen wir also zwei Dinge ins Auge fassen: das rapide Anwachsen der unteren Volksschichten und ihre bei steigenden
Lebensmittelpreisen und gleichbleibenden Löhnen stetig größer
werdende Insolvenz [1] den Steuerforderungen des Staates gegenüber.

Im Kreise Solingen wurden schon zu Anfang der dreißiger
Jahre 51 % des Klassensteueraufkommens von den drei untersten
Stufen getragen [2]. Das Verhältnis war ganz anormal; die Beträge nur mit äußerster Härte einzutreiben. „Es kommt sehr
oft bis zur Auspfändung, und wenn auch ein wirklicher Ver-
kauf der Pfandstücke fast nie nötig wird, so sind die Kosten
doch bald zu einer ganz verhältniswidrigen Höhe angeschwollen;
die Kasse aber ist gleichwohl immer unbefriedigt geblieben,
und der Steuerschuldner dabei noch häufig manchen nach-
teiligen Privatbedrückungen und Vexationen ausgesetzt" [3].

_____

[1] Man sieht das am ehesten an der nachlassenden Konsumkraft.
Es betrug z. B. der Verbrauch an Fleisch- und Fettwaren pro Kopf
der Bevölkerung:

	in Ostpreußen	in Westpreußen	in Posen	i. d. Rheinprov.
1839	79 Pfd. 16 Lot	76 Pfd. 26 Lot	63 Pfd. 29 Lot	94 Pfd. 21 Lot
1848	56 „ 30 „	53 „ 4 „	53 „ 18 „	66 „ 21 „

Vorliegende Berechnung bezieht sich natürlich auf die Gesamtbevölkerung. Da in den oberen Klassen die Konsumkraft wahrscheinlich ziemlich konstant blieb, so verschiebt sich das Resultat noch er-
heblich zuungunsten der unteren. Vgl. Ztschr. d. Stat. Bür. 1863, S. 233.
[2] Also von der 16. bis 18., die der 4. Hauptklasse der übrigen
Monarchie entsprachen.
[3] Hauer, a. a. O. S. 226.

1830 wurden im Kassenbezirke Solingen 1865 Exekutionsankündigungen und 102 Pfändungen nötig. Auf den ganzen
Kreis entfielen 3079 Exekutionsankündigungen und 172 Pfändungen, von denen allerdings nur 4 durch Zwangsverkäufe
realisiert wurden. Alles in allem ein betrübendes Resultat.
Bei 6,3 % der Kreiseinsassen mußte man zu besonderen Maß-
regeln greifen, um die Steuerbeträge einzutreiben. In der
ganzen Rheinprovinz waren 1824 beinahe 6500 Reklamationen
zu verzeichnen, deren Zahl bis 1828 nur wenig nachließ.
H a u e r vermißt bei „Vielen" die „bürgerliche Ausbildung"
und knüpft daran die Vermutung, sie würde wohl sobald noch
nicht den Grad erreicht haben, um die Bürger „ohne fort-
gesetzten Zwang zu derartigen Leistungen genügend anzuregen."
Diese Bemerkung ließe sich für unseren Abschnitt preußischer
Steuergeschichte verallgemeinern. — Wir wissen allerdings,
daß die schlechten Resultate nicht nur in mangelndem Bürger-
sinn, sondern auch in tatsächlichem Unvermögen ihren Grund
hatten.

Leider läßt sich die Wirkung der Klassensteuer nicht auch
für andere Kreise oder Provinzen aufdecken. Die Quellen
lassen uns im Stich. Nur aus den Petitionen der Provinzial-
Landtage können wir auf die Überbürdung schließen, die auf
der unteren Bevölkerungsschicht ruhte. 1832 trugen die Posener
Stände auf Ermäßigung der Sätze an; ebenso der dritte Landtag der Provinz Westfalen, die schon durch recht erhebliche
Grundsteuern gegen andere Landesteile benachteiligt war[1]:
es seien schon bei der ursprünglichen Veranlagung große Un-
gleichheiten vorgekommen, die teils fortbeständen, teils von
Zeit zu Zeit auch noch vermehrt würden. Dieselbe Klage
wurde 1835 wiederholt. Die Regierung hielt sie eingehender
Berücksichtigung nicht für wert. Man antwortete nach Posen und
Westfalen ungefähr das Gleiche: das Solleinkommen in diesen
Landesteilen ständе schon unter dem Durchschnittssatz der
ganzen Monarchie; zudem betrügen die Abgänge und Erlasse
in Westfalen oft mehr als das Doppelte der Ausfälle anderer
Provinzen.

Auch 1842, als man nach Beseitigung drohender Kriegs-
gefahr mit dem Plan eines Steuernachlasses[2] umging, hat man
den Anträgen der Stände kein Gehör geschenkt. Der Erlaß
war zunächst auf 1,5 bis 1,6 Millionen Taler vorgesehen, wurde
jedoch nachträglich auf 2 Millionen erhöht, weil die Ersparnis,

---

[1] Die Grundsteuer betrug auf den Kopf der Bevölkerung um die
Mitte der dreißiger Jahre im Osten 23 Sgr. 11½ Pfg., im Westen
29 Sgr. Allerdings war der Durchschnittspreis des Roggens (1822/33)
im Osten 34 Sgr. 8 Pf., im Westen 45 Sgr. 2 Pfg. (Maassen). Daß eine
Überlastung mit Grundsteuern in Westfalen tatsächlich stattgefunden
habe, wird von T r e i t s c h k e in Abrede gestellt. IV. S. 555.
[2] Geh. St.A. Rep. 90 Tit. XL.

die durch Konvertierung der Staatsschuld von einer 4 %igen
in eine 3¹/₂ %ige [1] erzielt worden war, zu diesem Ende verwendet werden sollte. Die Regierung beabsichtigte nun eine
Reduktion des Salzpreises. Die pommerschen, rheinischen und
schlesischen Stände erhoben Einspruch: die unteren Klassen,
denen mit dem Steuernachlaß hauptsächlich gedient werden
sollte, würden die Erleichterung kaum spüren. Die Rheinlande
stellten einen Gegenantrag: sie forderten Ermäßigung der
Klassensteuer in der 16., 17. und 18. Stufe und Verbilligung
des auf den Konsum der unteren Klassen berechneten Roggen-
brotes in den mahl- und schlachtsteuerpflichtigen Städten durch
Erlaß der Abgabe. Die schlesischen Stände wollten die bewilligte Summe auf die vier Hauptklassen verteilt wissen und
den mahl- und schlachtsteuerpflichtigen Städten ein ihnen „verhältnismäßig zukommendes Parcipiendum" gewähren, das zugunsten der ärmeren Bewohner verwendet werden sollte. Trotz
dieses Einspruchs blieb die Regierung bei der Herabsetzung
des Salzpreises [2].

Zum letzten Male hat der politisch bedeutsamste rheinische
Landtag von 1845 auf eine radikale Umänderung der Steuer-
verfassung angetragen.

Stellen wir nun die Resultate der bisherigen Untersuchung
kritisch zusammen. Die Klassensteuer ist basiert auf eine
übersichtliche Gliederung der Gesellschaft. Es müssen äußere
Erkennungsmerkmale gegeben sein, die das Einsteuerungs-
verfahren ermöglichen. Wo sich die ständischen Unterschiede
verwischen, wird die Einschätzung ungenau oder unmöglich.
Die Tatsache gesellschaftlicher Klassenbildung kann natürlich für das Preußen zu Beginn des 19. Jahrhunderts ebensowenig geleugnet werden wie heute. Aber sie vollzog sich schon
damals in wesentlich anderen Formen wie früher. Die Entwicklung hatte darauf hingeführt, daß die Trennungslinien
zwischen den Ständen sich verwischten, daß diese selber in
Beziehung auf ein Drittes, den Staat, den gleichen Rang einnehmen sollten. Wir haben in Preußen keine geschlossenen
mittelalterlichen Stände vor uns, die nach einem Schema
lebten oder auf demselben Bildungsniveau standen. Sie waren
vielmehr durchsetzt mit individuellen Elementen. Namentlich
die Einkommensverteilung mußte, je nach den Talenten und
dem Fleiß des Einzelnen, innerhalb der Stände sehr verschieden
ausfallen. Damit war die theoretische Unterlage der Klassensteuerveranlagung, die sich auf ein festes Verhältnis gründete
zwischen dem Aufwand, den die Einbeziehung in einen bestimmten Kreis des sozialen Lebens voraussetzt, und den wirk-

---

[1] 1838. Schmoller, S. 222.
[2] Der Erfolg war gering. Das Pfund Salz kostete bis zum Ende
der vierziger Jahre 11 Pf. anstatt 14 Pf. F. M.

lichen Einnahmen, vernichtet[1]. Eine so angelegte Abgabe
mußte notwendig als veraltet erscheinen. In der obersten Klasse
entgingen ihr durch den Maximalsatz die größeren Vermögen;
in den unteren die feinen Differenzen, die durch die veränderten
Arbeitsbedingungen, namentlich der dreißiger und vierziger
Jahre, geschaffen wurden. So war Bevorzugung der Reichen,
unverhältnismäßige Belastung der mittellosen, teilweise in „ent-
sittlichender Dürftigkeit" lebenden Volksmassen die Folge.
Es fehlte der Klassensteuer jeder sozialpolitische Einschlag.
Sie war in einzelnen Punkten geradezu antisozial. Während
jede vernünftige Steuerpolitik darauf bedacht sein muß, den
Einzelsteuernden, der für niemanden zu sorgen hat, möglichst
scharf heranzuziehen, war seine Steuerleistung hier auf den
halben Klassensteuersatz einer Haushaltung reduziert. Das
Steuerquantum, das auf den Kopf der klassensteuerpflichtigen
Bevölkerung entfiel, war mit 14—18 Sgr. nicht zu hoch; aber
das Proletariat partizipierte daran zu stark. Hier lag der
wunde Punkt der Gesetzgebung von 1820: die fortwährende
Klage der folgenden Jahre, die die Reformgedanken nicht zur
Ruhe kommen ließ.

Die Entwicklung hat gezeigt, daß die Klassensteuer durch
Ausweitung des Schemas und Einfügung von Zwischenstufen
zu einer Art von Einkommensteuer hinstrebte. Man hat auch
nach der Renovierung des Schemas von 1821 in ihr eine solche
sehen wollen[2]. Das hieße jedoch das Wesen der Einkommensteuer verkennen. Der notwendig s u b j e k t i v e Charakter
der Einkommensteuer ging der Klassensteuer naturgemäß ab.
Das Objekt der Einkommensteuer ist vornehmlich das Resultat
der Arbeitsleistung des Einzelnen; von dem Unterbau der Ertragssteuern wird sie sich in der Praxis allerdings nie völlig
loslösen können. Zudem fehlte der Klassensteuer die wert-
vollste Beigabe der Einkommensteuer, ihr staatsbürgerliches
Element: die mit der Selbstdeklaration verbundene Verantwortlichkeit des Bürgers dem Staate gegenüber und das daraus
entspringende Bewußtsein einer höheren Interessengemeinschaft,
die das Individuum an den öffentlichen Verband kettet. In
der Praxis war allerdings auch die Selbstdeklaration nichts
Unbekanntes mehr. Die Regierung mußte bei Gelegenheit zu-
geben[3], daß es in den größeren Städten nicht ohne weiteres
möglich wäre, das Klassenschema anzuwenden. Die Steuerkraft der Zensiten läge nicht so einfach am Tage; ihre Kenntnis

---

[1] Ich füge eine Definition S t e i n s bei, die, durch den Vergleich
mit englischen Verhältnissen, den Charakter der Klassensteuer und
ihren Unterschied zur Einkommensteuer treffend wiedergibt: Die Steuer-
einheit ist nicht wie in der englischen Incometax eine G e l d einheit,
sondern die Einheit ist d i e K l a s s e. Finanzwissenschaft II (2).

[2] Grätzer, S. 60.

[3] Deutsche Reform, 1849. Nr. 355.

erfordere genaue Nachforschungen. Es habe sich nun das
Auskunftsmittel eingebürgert, die Pflichtigen im Zweifelsfalle
um eine Stufe höher einzuschätzen und ihnen so die Last eines
Gegenbeweises in Form einer „motivierten Selbstdeklaration"
aufzubürden. Der Unterschied dieses Verfahrens zu dem bei
der Einkommensteuer üblichen brauchte nicht einmal formeller
Natur zu sein; die innere Differenz ist dafür um so ein-
leuchtender.

Als Korrelat der Klassensteuer, deren Einführung in den
größeren Städten nicht als rätlich erschien, hatte die Gesetzgebung von 1820 eine Mahl- und Schlachtabgabe geschaffen.
Wir müssen beide Steuerarten trotz ihrer fundamentalen Verschiedenheit im engen Zusammenhange miteinander betrachten;
sie waren vom Gesetzgeber als sich ergänzende Glieder ein
und desselben Systems gedacht. Die Lücke, die nach J. G.
Hoffmanns Anschauungen die Klassensteuer ihrer Natur nach
durch Begrenzung auf das platte Land und die kleineren Städte
offen ließ, sollte durch eine indirekte Abgabe, die an den Toren
der Großstadt oder in den Verkaufsläden der Bäcker und
Fleischer zu entrichten war, ausgefüllt werden. Finanzielle
Erwägungen spielten dabei eine Rolle. So wurde die Mahl-
und Schlachtsteuer auch auf Ortschaften ausgedehnt, bei denen
der Einbeziehung in die Sphäre direkter Besteuerung nichts
im Wege gestanden hätte[1].
Jeder Reformversuch der Folgezeit griff mit der Klassensteuer zugleich die Mahl- und Schlachtsteuer an. Es ist mithin notwendig, an dieser Stelle tiefer in ihr Wesen vorzudringen.
Die Mahlsteuer wurde nach zwei Sätzen erhoben. Man
unterschied zwischen Weizen, der mit 20 Sgr. per Zentner
beisteuerte, und den auf den Konsum der unteren Volksklassen
berechneten Getreidearten, wie Roggen, Gerste und Graupe,
die mit 5 Sgr. an der Abgabe partizipierten. In einzelnen
Städten, in denen der Verbrauch von Weizen besonders groß
war, wurde in der Folge ein mäßiger Mittelsatz, zwischen 8
und 10 Sgr. per Zentner, zugelassen. Die Schlachtsteuer war
in ihren Sätzen nicht nach der Qualität der einzelnen Fleisch-
sorten abgestuft, sondern betrug für die ganze Monarchie
gleichmäßig 1 Taler per Zentner. Das Gesetz von 1820 machte
noch einen Unterschied zwischen der Versteuerung nach „Einzel-
gewicht" und „allgemeinem Gewichtssatz"; dieser letztere, je-
weils nach den lokalen Verhältnissen vom Finanzministerium
festgesetzt, wurde in den folgenden Jahren zum herrschenden
Erhebungsmodus[2]. Der Schlachtsteuer trat in einigen Kommunen
eine Wildpretsteuer zur Seite.

[1] F. M. Adhib. z. d. Eink.St. Gen. IV.
[2] Reinick, in der Zeitschrift d. Stat. Bür. 1863, S. 228.

Bedeutungsvoll war, daß es den Städten freistand, zur Bestreitung ihrer Bedürfnisse Zuschläge auf die Mahl- und Schlachtsteuer zu legen, die sie mit der Zeit zu einer ihrer wichtigsten Einnahmequellen ausgestalteten. Wir kommen im zweiten Teil der Arbeit ausführlich darauf zurück.

Die Erträge der Mahl- und Schlachtsteuer lassen sich nur sehr unvollkommen feststellen. In den ersten Jahren wurden von den pflichtigen Städten überhaupt keine Statistiken über den Konsum der Bevölkerung und die zur Erhebung gelangenden Summen angefertigt. Wo man derartige Versuche machte und die Resultate dem Finanzministerium zustellte, fand der Pflichteifer wenig Anerkennung[1]. Für die dreißiger Jahre besitzen wir einige Angaben von Hoffmann. So beliefen sich 1833 die Einkünfte naah Abzug der Vergütungen und Restitutionen auf 2622152 Taler[2]. 1845 nach einer Angabe von Reden[3] auf 3289326 Taler. In den Jahren 1847 bis 1851 war ein ziemlich erheblicher Rückgang zu konstatieren, der erst 1852, in der Folgezeit auch durch Zuschläge, ausgeglichen wurde[4]. Auf den Kopf der mahl- und schlachtsteuerpflichtigen Bevölkerung entfielen bei einer Durchschnittsberechnung der Jahre 1842/44 51 Sgr.[5]; 1849 nur wenig mehr.

Der markanteste Vorzug der Mahl- und Schlachtsteuer lag ohne Zweifel in der verhältnismäßigen Höhe ihrer Erträge. Sonst ließ sich beim besten Willen zu ihrem Lobe nicht viel vorbringen. Daß sie in kleinen Raten gezahlt würde, der Steuernde mit den Behörden nicht einmal in Berührung käme, rühmte ihr die abgegriffene Beweisführung der älteren Finanzroutiniers nach, die glaubten, man dürfe nur dort mit einer Steuer zugreifen, wo sie nicht fühlbar würde.

Umsomehr konnte man gegen sie ins Feld führen. Faßte man die verschiedenen Übelstände, die ihr zur Last gelegt wurden, zusammen, so ließen sich etwa vier Gesichtspunkte aufweisen, unter denen der Kampf gegen die Mahl- und Schlachtsteuer geführt wurde[6]. Jeder von ihnen traf ihr inneres Wesen und war geeignet, ein treibendes Moment ihrer Abschaffung abzugeben.

In erster Linie kam die Doppelbesteuerung des „äußeren Stadtbezirks". Man verstand darunter den halbmeiligen Umkreis der mahl- und schlachtsteuerpflichtigen Städte. Dort

---

[1] So in Cöln und Bonn. Geh. St.A.
[2] S. 330 u 334.
[3] Ztschr. d. Vereins f. Stat. 1847 S. 337.
[4] Reinick a. a. O. 1864. (Fortsetzung) S. 160.
[5] Bleich, Bd. 1, S. 46. Wechselnde Angaben in den verschiedenen Quellen.
[6] Ich folge hierin der im ersten Vereinigten Landtage vorgelegten Denkschrift über die Aufhebung der Mahl- und Schlachtsteuer usw., jedoch in anderer Gruppierung der einzelnen Momente.

existierte, wie überall auf dem Lande, zunächst die Klassensteuer. Daneben für Bäcker und Fleischer, soweit sie gesetzlich überhaupt geduldet wurden, die Verpflichtung, Mahl-
und Schlachtabgabe zu zahlen. Ursprünglich hatte man durch
diese Maßnahme die pflichtigen Bezirke gegen Steuerumgehung
und Schleichhandel sichern wollen. Die tatsächliche Folge
war eine ungerechtfertigte Doppelbelastung, die sich umso
ungünstiger gestaltete, je mehr sich das Bevölkerungsverhältnis
zugunsten des äußeren Stadtbezirks verschob: also vornehmlich
in den kleineren Städten[1]. 1844 kamen in der ganzen
Monarchie auf 100 Einwohner mahl- und schlachtsteuerpflichtiger
Städte 22,9 Bewohner des äußeren Stadtbezirks. Bis 1850
hatten zahlreiche Kleinstädte von der im Gesetz von 1820
enthaltenen Erlaubnis, zur Klassensteuer überzugehen, Gebrauch
gemacht und dadurch das Mißverhältnis in etwa behoben.
Ebenso nachteilig wie die Doppelbesteuerung war die Errichtung von Steuerlinien im Innern des Landes. Sie waren
durch die Art der Hebung bedingt. Ihr Nachteil war ein
doppelter: Zunächst verschlang der umständliche Kontroll-
apparat einen großen Teil der an die Staatskasse gelangenden
Beträge[2] und zweitens unterwarf er den freien Verkehr einer
höchst zweckwidrigen Beschränkung. Damit war ein fort-
während er Anreiz zu Defraudationen gegeben. In Berlin wurden
in einem Vierteljahr nicht weniger als 62 sog. Mehlkürasse
konfisziert, mit denen die Ware unter den Kleidern ein-
geschleppt werden sollte. 1848 schätzte man die steuerfrei
eingegangenen Quantitäten Weizen auf 24268 Ztr. Aus
Marienwerder wurde unter dem 16. August 1849 berichtet[3],
in dem dortigen Geschäftsbezirk würden jährlich ungefähr
400 Mahl- und Schlachtsteuerprozesse anhängig gemacht; in
Graudenz habe sich gleichsam „ein kleiner Krieg zwischen
Beamten und Bewohnern organisiert". Für das Jahr 1844
rechnete man in der ganzen Monarchie auf 200 Einwohner
des inneren Stadtbezirks eine Steuerhinterziehung. Für die
spätere Zeit sind mir darüber keinerlei Berechnungen bekannt
geworden. Die Zustände haben sich aber eher verschlimmert
als gebessert. Ich verweise nur auf die Vermehrung und
gleichzeitige Verarmung in den unteren Bevölkerungsklassen,
wie sie sich aus der Klassensteuerstatistik und den daran
geknüpften Betrachtungen herleiten ließ. Dieser Tatsache
kann man sich übrigens auch von einer anderen Seite aus
nähern, ohne allerdings ebenso weitgehende Folgerungen ziehen
zu können.

---

[1] z. B. in Hirschberg, wo 1850 die Bevölkerung des äußeren Stadtbezirks 101,7 % des inneren ausmachte.
[2] 1844/46 in den kleineren Städten 18,53 % des Reinertrages, in den
größeren 8,72 %.
[3] F. M. Eink. St. Gen. IV, vol. 2.

Innerhalb der Mahl- und Schlachtsteuer hatte die Mahlsteuer zwischen 1821 und 1851 besonders günstige Resultate
zu verzeichnen. Auf den nachlassenden Fleischkonsum wurde
durch Gegenüberstellung zweier charakteristischer Jahre an-
merkungsweise hingewiesen. Demgegenüber ist der Verbrauch
von Weizen, ganz speziell aber der von Roggen (um 27,7 %
pro Kopf) in dem angegebenen Zeitraum gestiegen. Die
billigen Konsumtionsmittel drängten sich an die Stelle der
nahrhaften, aber kostspieligeren[1], eine Tendenz, die sich für
die ganze Epoche konstatieren läßt und auf abnehmenden
Wohlstand hinweist. Das Brot wurde einziges Nahrungsmittel
des Armen[2]. Nach Analogie der sinkenden Klassensteuer-
erträge auf dem Lande wird man auch in den mahl- und
schlachtsteuerpflichtigen Städten einen Rückgang des Einkommens behaupten können. Der Geldaufwand für Brot
wuchs also relativ (im Rahmen des Haushaltungsbudgets) —
daneben absolut durch die Steuer, die es in den mahl- und
schlachtsteuerpflichtigen Städten belastete.

Daraus ergab sich ein dritter Vorwurf, der sich gegen
die Abgabe erheben ließ: die Prägravierung der städtischen
Bevölkerung und ihre verderbliche Einwirkung auf die Gewerbe und den Wohlstand derjenigen Ortschaften, wo man
sich ihrer bediente. Hansemann hat diesen Gedankengang
näher ausgeführt und zwar in einer Denkschrift[3], die auf den
Beschluß der Aachener Handelskammer 1845 entstand. Er
stellte dem mahl- und schlachtsteuerpflichtigen Aachen die
klassensteuerpflichtigen Städte Crefeld, Elberfeld und Barmen
gegenüber. Während hier bei einer Bevölkerung von 50000
Seelen 1844 etwa über 80000 Taler Abgabe gezahlt wurden,
steuerten die beinahe 96000 Einwohner zählenden klassensteuerpflichtigen Städte in demselben Jahre nur insgesamt
58000 Taler. Das Steuerquantum auf den Kopf der Bevölkerung verhielt sich wie 100 : 37,8. Die Bedingung für
die Höherbelastung Aachens war der Preis der Lebensmittel,
in dem die Mahl- und Schlachtsteuer, vom Produzenten auf
den Konsumenten überwälzt, sichtbar wurde. Darin sah Hansemann die gefährliche Folge für Handel und Gewerbe. Die
Lebensbedingungen für den Arbeiterstand wurden unerschwing-
lich hoch: der Zuzug vom Lande abgeschnitten, die natürliche
Volksvermehrung gehemmt. Zum Beweise ließ sich anführen,
daß von 1821 bis 1843 das Verhältnis der Bevölkerungs-
zunahme in Barmen und Elberfeld doppelt so groß gewesen
wäre, wie in Aachen und Burtscheid. Es ist nun allerdings

---

[1] Vgl. jedoch Tab. über den preuß. Staat f. 1849 IV S. 156.
[2] Holtzendorff, Gemeinden, Steuern und Vertretungen. 1844,
S. 56/57.
[3] Die Mahl- und Schlachtsteuer in Aachen und Burtscheid.

die Frage, ob Hansemann die Einwirkung der Mahl- und
Schlachtsteuer auf die Lebensmittelpreise nicht doch vielleicht
überschätzt hat. Sie ist auf dem Landtag und in den Kammer-
debatten häufig geleugnet worden. Uns interessiert die historisch-
statistische Seite des Problems[1]. Es würde zu untersuchen
sein, welcher Art die Preisdifferenz zwischen Stadt und Land
in dem hier behandelten Zeitabschnitt gewesen ist, aus welchen
Ursachenreihen sie zu erklären wäre. Leider stößt eine solche
Untersuchung auf unüberwindliche Hindernisse. Die Nachrichten über die Getreide- und Fleischpreise in den Orten
direkter und indirekter Besteuerung sind zu lückenhaft, um
eine vergleichende Darstellung mit befriedigenden Resultaten
darauf aufbauen zu können. Im allgemeinen wird man einen
Zusammenhang in der Weise annehmen können, daß der Wegfall einer indirekten Abgabe zunächst jedenfalls eine Preis-
reduktion in den betreffenden Ortschaften im Gefolge hatte.
Ob die Preisverminderung anhielt, wäre nun das eigentlich
Entscheidende; die Frage wird von Laspeyres[2] für die
ersten Monate nach Aufhebung der Mahl- und Schlachtsteuer
(Neujahr 1875) nicht absolut bejaht, aber doch für wahrscheinlich gehalten. Die dem Wegfall der Steuer folgende momentane
Preisverminderung läßt sich übrigens nicht in allen Fällen
konstatieren. Außerordentliche Zeiten, Einflüsse der Konjunktur, Teuerung und steigende Nachfrage können den Produzenten zwingen, die Preise zu halten. Als zu Beginn des
Jahres 1847 die Mahlsteuer, ebenso wie die Klassensteuer in
der untersten Stufe, für $3^{1}/_{2}$ Monate sistiert wurde, zeigte sich
allerdings ein erheblicher Ausfall für die Staatskasse[3], irgend
eine merkbare Ermäßigung des Brotpreises trat indessen
nirgends ein. In Berlin z. B. machte die Bäckerinnung Ende
April öffentlich bekannt[4], sie wäre nicht imstande, das Brot
billiger abzugeben, da Getreide- und Mehlpreise einen solchen
Aufschwung genommen hätten, daß die Steuerersparnis dadurch
mehr als ausgeglichen werde.

Dieser Fall ist jedoch als Ausnahme zu werten. Für
normale Zeitläufe wird sich die Beeinflussung der Lebensmittelpreise durch eine indirekte Abgabe nicht leugnen lassen,
ihre Aufhebung von entsprechenden Folgen begleitet sein. Die
Tatsache durchschnittlich höherer Brot- und Fleischpreise in
den mahl- und schlachtsteuerpflichtigen Städten bleibt also
bestehen. Nur auf den ziffernmäßigen Nachweis müssen wir
verzichten. Es hat übrigens den Anschein, als ob die Zeit-

[1] Eine prinzipielle Lösung ist natürlich auch versucht worden.
Über den Stand des Problems vgl. Walter Lotz in der Ztschr. f.
Volksw., Sozialp. u. Verwalt. Bd. 19, S. 561 ff.
[2] Schanz' Finanzarchiv, Bd. 18, S. 281.
[3] Reinick, a. a. O. 1864, S. 160.
[4] Vossische Zeitung von 1847 Nr. 100.

genossen sich in der Ausnutzung dieses Arguments von Über-
treibungen nicht ferngehalten hätten. Merkwürdig, daß eine
zusammenfassende, wissenschaftliche Klärung des Problems
nirgends versucht wurde. Derselben Unsicherheit begegnen
wir bei dem letzten Vorwurf, dem die Mahl- und Schlachtsteuer ausgesetzt war: ob die Arbeiterbevölkerung der Städte
die indirekte Abgabe auf die Löhne zu übertragen imstande
sei oder nicht. Ganz allgemein handelte es sich hier um die
Frage nach dem Zusammenhang von Lebensmittelpreisen und
Löhnen. Für unsere Epoche ist nach dem, was über die
wirtschaftliche Situation ausgeführt wurde, anzunehmen, daß
die Höhe der Löhne durch die Mahl- und Schlachtsteuer nicht
tangiert worden ist.

Es erübrigt noch, die Ausdehnung der Mahl- und Schlachtsteuer lokal zu umgrenzen[1]. Sie war 1820 in 132 Städten
der Monarchie eingeführt worden; bis 1833 war ihre Zahl
auf 118 zusammengeschmolzen. 18 Städte hatten von der
Erlaubnis Gebrauch gemacht, zur Klassensteuer überzugehen;
dafür hatten vier klassensteuerpflichtige Städte die Mahl- und
Schlachtabgabe gewählt. Bis 1848 folgten 17 weitere. Durch
die Verordnung vom 4. April 1848 wurde es den Kommunen
freigestellt, an die Stelle der Mahlsteuer eine direkte Abgabe
zu setzen. Die Folge war der Übergang von 14 Städten zur
Ersatzsteuer, die späterhin hier und da wieder aufgehoben
wurde. 9 Städte gingen in demselben Jahre zur Klassensteuer
über. Zwischen 1848 und 49 liegt der stärkste Rückgang
der mahl- und schlachtsteuerpflichtigen Kommunen. 1848 war
in der Provinz Westfalen keine Stadt mehr mahl- und schlacht-
steuerpflichtig. 1851 waren nur noch 83 übrig geblieben. Wegen
des stärkeren Bevölkerungszuwachses in den pflichtigen Städten[2]
war das Verhältnis der mahl- und schlachtsteuerpflichtigen
Bevölkerung zur Gesamtbevölkerung nur geringen Schwan-
kungen unterworfen. Darin lag auch eine Ursache für die,
mit Ausnahme der Jahre 1847—51, gleichbleibenden, nach
und nach sogar steigenden Erträge.

Noch mehr als die Klassensteuer trifft die Mahl- und
Schlachtabgabe der Vorwurf, daß sie den Bedürfnissen der
Folgezeit nicht gerecht geworden ist. Die Klassensteuer übersah die zunehmende soziale Differenzierung der Gesellschaft
und die wirtschaftlichen und moralischen Faktoren, die dieser
Erscheinung zu Grunde lagen. Die Mahl- und Schlachtsteuer
verwirrte das Prinzip der gerechten Besteuerung, das zugleich
mit der konstitutionellen Gedankenbildung in die Staatstheorie
eindrang, durch unzeitgemäßes Betonen der finanziellen

---

[1] Reinick, a. a. O. 1863, S. 220 f.
[2] Reinick, a. a. O.

Resultate. Wir haben sie in dieser Hinsicht ausreichend kennen
gelernt; hingewiesen auf die Doppelbelastung des äußeren
Stadtbezirks und die ungleichmäßige Besteuerung von
Stadt und Land. Dazu kam die Behinderung des freien
Verkehrs im Innern. In theoretischer, sowie in praktischer
Hinsicht war die Abgabe nicht mehr zu halten; die heftige
Agitation, namentlich gegen Mitte der vierziger Jahre [1], deshalb
durchaus gerechtfertigt. Es wurde darauf hingedeutet, daß
man vielleicht hier und da zu weit gegangen ist; unter Um-
ständen sämtliche sozialen Mißstände der Zeit der verhaßten
Steuer zur Last legte. Der gereizte Ton der Streitschriften
lenkte in die bitteren Klagen der Revolutionszeit über.

Jedenfalls wurde die Notwendigkeit einer Steuerreform der
Regierung in Augennähe gerückt. Der erste Erfolg war eine
Denkschrift, die im Finanzministerium im September 1845
ausgearbeitet wurde und die Schäden des bestehenden Systems
übersichtlich zusammenstellte, jedoch anscheinend ohne die
nötigen Konsequenzen daraus zu ziehen [2]. Damit war die
Frage in nähere Diskussion gezogen.

Entstehung und Schicksal der bedeutsamen Reformprojekte
von 1847 darzulegen, ist Aufgabe des folgenden Abschnitts.

---

[1] Der Höhepunkt scheint 1846 erreicht worden zu sein. Vgl. das
Broschürenverzeichnis bei Reden, Finanzstatistik II, 2, S. 308/9.

[2] Die Denkschrift ist im Archiv des Finanzministeriums nicht mehr
enthalten. Ihr Inhalt läßt sich jedoch aus anderweitigen Quellen re-
konstruieren.

II.

Der Einkommensteuerentwurf der Regierung und der erste Vereinigte Landtag von 1847.

A. Motivation und Geschichte des Entwurfes.

Wir haben den Gang der Ereignisse bis zum Jahre 1847 verfolgt; hervorgehoben, inwiefern die Reform von 1820 schon für die Zeit ihrer Entstehung unpassend war, wie ihre Nachteile in den folgenden Jahren sozialer Umbildung, wirtschaftlicher und industrieller Entwicklung immer deutlicher zu Tage treten mußten. Nur die Betrachtung der Mahl- und Schlachtsteuer hat in einigen Punkten vorgreifen müssen. Es war notwendig, ein geschlossenes Bild dieser Besteuerungsart, ihrer Anlage und Wirksamkeit, zu erhalten, weil sie aufs engste mit der Reform des direkten Abgabewesens verknüpft war. Ihre Kenntnis ist Voraussetzung für das Verständnis der Reformanläufe zwischen 1847 und 1851, deren negative Resultate sie großenteils mitverschuldete.

Die „öffentliche Meinung" wurde nur gestreift. Es wäre auch verfehlt, die mit dem Jahre 1847 einsetzenden Reformprojekte mit ihr in nähere Verbindung bringen zu wollen. Die leitenden Kreise verdankten ihr höchstens Anregung, niemals Entschlußrichtung; somit wäre ihre Analyse ungeeignet für die Schilderung der Staatsaktionen die psychologische Unterlage abzugeben.

Um die Motive, die das Vorgehen der Regierung bestimmten, in ihrer Ganzheit zu erfassen, müssen wir zunächst zwei Faktoren unterscheiden: den König und die leitenden Männer des Staatsrats, in deren Hand die endgültige Fassung der Gesetzentwürfe lag. Die Absichten des Königs lassen sich einem jüngst veröffentlichten Briefe an den Zaren [1] und einer Ordre an den Staatsrat vom November 1846 mit einiger Deutlichkeit entnehmen [2]. Die Bedeutung, die dem Briefe

---

[1] Festschrift des märkischen Geschichtsvereins für Schmoller S. 275 f.
[2] K.O. vom 7. Nov. 1846. F. M.

an den Zaren für unsere Frage zukommt, wird allerdings
dadurch beeinträchtigt, daß es dem Könige darum zu tun war,
den Zaren für seine Pläne zu gewinnen. Er mußte die ganze
Angelegenheit als harmloser hinstellen, als sie in Wirklichkeit
war, um dem Tadel seines hohen Verbündeten zuvorzukommen,
dem er allerdings in der Folge doch nicht entgehen sollte.
Der Einfluß, den die allgemeine politische Situation auf
die königlichen Entschließungen ausübte, ist unverkennbar.
Österreich gegenüber hatte sich Friedrich Wilhelm durch ein
Schreiben an Metternich gebunden, in dem er versprach, von
einer modernen Konstitution, von einem periodischen Reichstage
und Reichstagswahlen absehen zu wollen[1]. Es ließe sich sogar
behaupten, daß die Ausbildung der ständischen Institutionen,
wie sie Friedrich Wilhelm plante, nur ein Ausdruck war für
die Stellung, wie sie Preußen in Europa einnahm. Während
in Frankreich, England und Belgien das konstitutionelle Prinzip
gesiegt hatte, klammerten sich die Ostmächte zäher denn je
an die überkommene Monarchie. Der Plan des Königs wollte
nun, zwischen absoluter Monarchie und Konstitutionalismus
die Mitte haltend, sich der ständischen Institutionen als eines
Ausgleichs bedienen zwischen den allgemeinen Wünschen des
Volkes und der Tradition der preußischen Krone. Daß der
ständische Apparat nicht mehr funktionierte, daß sich innerhalb des Landtags eine liberale Fraktion überhaupt bilden
konnte, war der folgenschwerste Fehler in seiner Berechnung.
Eine Vertiefung in die Vorgeschichte des Patents vom
3. Februar 1847, das in seinen Konsequenzen „die ganze
Zukunft des Staates umfaßte", läßt den Anteil, den der Monarch
an dieser Maßnahme hatte, als den allein entscheidenden
erkennen[2]. Er hat selbständig den Weg vorgezeichnet, den
er späterhin wirklich einschlug; die Konstituierung von
ständischen Ausschüssen, die als Vertretung der allgemeinen
Versammlung alle vier Jahre zusammentreten sollten, war sein
eigenster Gedanke; durchaus seinem inneren Wesen entsprechend war die Gliederung des Landtags in vier Kurien,
in der der ständische Gedanke seinen traditionellen Ausdruck
erhielt. Innerhalb der Kurien sollte der Herrenstand eine
besondere, von der Krone bevorzugte, kontrollierende Stelle
einnehmen. Kein Bedenken eines seiner Ratgeber hat die
Entschließung des Königs in einem wesentlichen Punkte zu
bestimmen vermocht. Zu lange waren diese Gedanken in ihm
im Werden begriffen gewesen und fortgebildet worden, zu
tief war vielleicht auch die Freude, die der Künstler an seinem
gestaltenreichen Werke empfand[3]. Wie sollten diese Ideen nun in

---

[1] Ranke, Friedrich Wilhelm IV. — Werke Bd. 51/52 S. 430.
[2] Vgl. auch Treitschke V, S. 160.
[2] Vgl. hierzu Meineckes Charakteristik. Boyen Bd. II S. 482 f.

die Wirklichkeit umgesetzt werden? Von hier aus läßt sich
vielleicht auch das Verhältnis des Königs zur Besteuerungsfrage begreifen. Der Vorschlag einer Besteuerungsreform
selber, ebenso wie die zweite hier interessierende Proposition
der Regierung: die Ostbahnanleihe, waren für Friedrich Wilhelm
nur ein Mittel dazu, seine ständischen Ideen zu realisieren.
Sie bildeten nur den Vorwand, den Landtag einzuberufen
und in dieser Institution dem Staatswesen eine Grundlage zu
schaffen, die abzugeben die zusammenhanglosen Gesetze der
Hardenbergschen Epoche nach Ansicht des Königs nicht geeignet waren.

Die Propositionen waren gleichsam der Hebel, um das
eigenartige Verfassungswerk des Königs in Bewegung zu setzen.

Es wäre überhaupt die Frage, inwieweit der König fähig
war, die volkswirtschaftliche Bedeutung einer Steuerreform
abzuschätzen. Von volkswirtschaftlichen Problemen inter-
essierten ihn wohl in erster Linie die sozialen; es ist bezeichnend, daß er sich mit der Absicht trug, der Arbeiterklasse
im Vereinigten Landtage eine Vertretung zuzubilligen [1]. Für
die Eisenbahnpolitik seines Landes hat er schon als Kronprinz
lebhaftes Verständnis gezeigt [2]; so war ihm wohl auch die
Bedeutung des Ostbahnprojektes nicht entgangen. Er glaubte
nur, es auch ohne die zu bewilligende Anleihe durchführen
zu können, allerdings würde dann bis zur Verwirklichung eine
längere Zeit verstreichen. Der Zollverein von 1834 hatte in
ihm einen eifrigen Verteidiger gefunden. In finanziellen Fragen
war sein Urteil und Verantwortungsgefühl allerdings weniger
fein entwickelt [3].

Somit war es eine p o l i t i s c h e Erwägung: die Krönung
seiner ständischen Gesetzgebung durch eine im Bedarfsfalle
einzuberufende Versammlung aus den acht Provinziallandtagen,
die gerade a n d i e s e m Z e i t p u n k t e die erwähnten Propositionen in die Öffentlichkeit gelangen ließ. Der Bedarfsfall
sollte durch die beiden Regierungsvorschläge erst g e s c h a f f e n
werden. Es ist somit mehr als wahrscheinlich, daß der König
die Notwendigkeit einer Reform kaum beachtet hat.

Auch in seiner nächsten Umgebung ist von einem Hin-
weise darauf nichts zu merken. Hier tauchte der Gedanke
auf, „durch Besteuerung der Reichen die Parteien zu sprengen" [4];
man wollte sie dadurch um ihre Popularität bringen — eine
Berechnung, die sich als richtig erwies. Mit der Steuerreform-
frage hat man einen Keil in die bürgerliche Partei getrieben
und in der Folge auch die Kluft zwischen Bourgeoisie und
Konservativismus vertieft.

[1] v. Petersdorff, Friedrich Wilhelm IV., S. 60.
[2] Treitschke IV, S. 591.
[3] Vgl. hierzu Treitschke V, S. 144.
[4] L. v. Gerlachs Denkwürdigkeiten B. I, S. 116.

Die Unbeliebtheit der Mahl- und Schlachtsteuer, die Sehnsucht nach einer durchgreifenden Renovierung des Steuersystems, hätte der König aus den mannigfachen Petitionen der Provinziallandtage leicht entnehmen können. Auch sonst wurde die Notwendigkeit einer Reformierung des direkten Steuerwesens, wie wir wissen, damals allgemein und lebhaft diskutiert. Die Vorzüge der Einkommensteuer erblickte man wesentlich in der schärferen Heranziehung des Kapitals: also in einem Gerechtigkeitsmoment, dessen Wirkung auf die unteren Klassen den meisten Anhängern als ausschlaggebend erschien. Einsichtsvolle Männer wie Hansemann sahen in der Reform lediglich eine Modifikation des bestehenden Steuersystems. Nur wenige richteten dagegen ihr Augenmerk auf den „revolutionären" Charakter der neuen Steuer, ihren Zusammenhang mit dem konstitutionellen Problem. Diese Gesichtspunkte hat erst das den gesamten Umkreis des Denkens revolutionierende Jahr 1848 in Augennähe gerückt.

Wenn der General-Steuerdirektor Kühne im Zusammenhang mit der Einkommensteuer auf die „politische Schätzung" hinwies, so mögen ihm solche oder ähnliche Gedanken nicht ferngelegen haben. Im Staatsrate stand er damit vereinzelt. Die Frage der Steuerreform wurde dort zwar wesentlich tiefer gefaßt als vom König und von dessen nächster Umgebung. aber der endgültige Entwurf ist, wie ich gleich vorweg konstatieren möchte, durchaus auf politischer Unterlage erwachsen. Gehen wir die Motive des Staatsrats im einzelnen durch.

Zunächst erwähne ich ein Moment von allgemeiner Bedeutung: das Beispiel Englands. Dort hatte Peel im Jahre 1842 durch Wiedereinführung der Incometax die auf dem Kontinent bei den führenden Staatsmännern weit verbreitete Anschauung von der Unmöglichkeit einer planmäßigen Einkommensbesteuerung praktisch widerlegt. Es ist überflüssig, die bei Einführung der englischen Einkommensteuer wirksamen Faktoren[1] — den Übergang von dem agrarischen und industriellen Schutzzollsysteme zur Freihandelspolitik — näher darzulegen und damit längst Bekanntes zu wiederholen. Genug, daß Englands Beispiel in den Ansichten der kontinentalen Staatsmänner einen bedeutsamen Umschwung herbeigeführt hatte. Man hatte sich von der Möglichkeit der Einkommensteuer überzeugt. Der Augenblick, einen Versuch mit der neuen Besteuerungsreform zu wagen, war nach Ansicht des Steuerrats durch die Einberufung des Vereinigten Landtags gegeben. Für den Staatsrat war im Gegensatz zum König die Landtagsberufung das Primäre: die Bedingung für eine Reform.

---

[1] Vgl. Wagner, Ergänzungsheft zu Teil III S. 9 f.

Auf die Verflechtung der Verfassungs- und Steuerfrage
werden wir im Laufe unserer Untersuchung noch öfters zurück-
kommen müssen. Ich hebe an dieser Stelle nur hervor, daß
schon die Verordnung vom 22. Mai 1815 die Wirksamkeit
der Landesrepräsentanten auf „alle Gegenstände der Gesetzgebung, welche die persönlichen und Eigentumsrechte der
Staatsbürger, mit Einschluß der Besteuerung betreffen", ausgedehnt hatte[1]. Man befand sich also im Einklang mit ver-
fassungsmäßig zugesicherten Grundrechten, wenn man in der
Besteuerungsfrage an die ständische Volksvertretung appellierte.
Aber vielleicht war auch dies Bedenken mehr etwas Akzi-
dentielles. Der Kernpunkt der Frage war, daß die leitenden
Staatsmänner dem Vereinigten Landtage, mochte die Einkommensteuer angenommen oder abgelehnt werden, in jedem
Falle die Mitverantwortung zuschieben wollten[2]. Pflicht
der Regierung sei es außerdem, die Initiative zu ergreifen,
wo sie nicht bestreiten könne, „daß in dem bestehenden Besteuerungssystem die Reichen überhaupt nicht hinlänglich
besteuert und die Städte überlastet seien". Auch wäre es
nicht ratsam, erst Anträge von seiten der Stände abzuwarten.
„Die Beratung und Beschlußnahme über eine desfallsige
Petition würde so geraume Zeit in Anspruch nehmen, daß
dann die Vorlage und Beratung eines Gesetzentwurfes nicht
mehr möglich sein würde, und es dann nur übrig bliebe, den
Vereinigten Landtag binnen kurzem abermals zu versammeln"
(Thile). Eine solche Eventualität, die dem Landtag ein
Anrecht auf periodische Einberufung hätte vortäuschen können,
war unter allen Umständen zu vermeiden. Die Periodizität
bildete eine der Grundforderungen der liberalen Opposition;
sie wurde Ausgangspunkt für den späteren Bruch mit dem
König, der für die Verbreitung und Festigung des konstitutionellen Gedankens innerhalb weiter Volkskreise so bedeutsam
werden sollte.
Man kann nicht leugnen, daß in den leitenden Kreisen
des Staatsrats auch die tatsächliche Ungerechtigkeit des alten

---

[1] Im Zusammenhang damit vgl. Hoffmann über die Ziele der
Reform von 1820: „Auf der einen Seite mußte daher eine Ausgleichung
sämtlicher Abgaben und zwar sowohl nach den bisherigen Forderungen,
als auch nach der eigenen Überzeugung der Steuerkommission mit Inbegriff der Grundsteuer versucht, auf der anderen dürfte jedoch eine
wesentliche Veränderung der Grundsteuer, wegen des dazu nötigen
Zeitaufwandes, und weil sie durch eine ständische Konkurrenz
hauptsächlich bedingt war, nicht vorgenommen, aber auch für
die Folge nicht ganz abgeschnitten werden. Dieterici S. 267/8.
[2] Der Finanzminister v. Düesberg in der Staatsratssitzung vom
2. März 1847: „Falle die Entscheidung in dem letzteren (ablehnenden)
Sinne aus, so werde die jetzt lediglich auf der Staatsregierung lastende
Verantwortlichkeit wegen Beibehaltung einer vielfach angefeindeten
Steuer von den Ständen mit getragen . . . ." F. M. Adhib. z. d.
Eink.St. Gen. IV.

Systems: der Gegensatz in der Besteuerung von Stadt und
Land und die verschwindend kleine Belastung des Großkapitals
keineswegs unbeachtet blieb. Kühne stellte im Staatsrat den
geringen Steuerbeträgen der klassensteuerpflichtigen Städte
Elberfeld, Barmen und Crefeld die Erträgnisse der Mahl- und
Schlachtsteuer in Aachen und Düsseldorf gegenüber. Er kam
zu dem Schluß, daß der Aufhebung der Mahl- und Schlachtsteuer notwendig die Einführung einer Kombination von Ein-
kommen- und Klassensteuer parallel gehen müsse: vorausgesetzt
nämlich, daß man sich den alten Steuerertrag sichern wollte.
Der Zustand der Staatsfinanzen[1] wurde im allgemeinen als
befriedigend geschildert. Jedenfalls boten sie damals noch
keinen Anlaß, das Steuerquantum zu erhöhen. Die bei der
Reformierung des Steuerwesens zu erwartende Mehreinnahme
sollte zu Nachlässen für die ärmeren Klassen verwendet werden.
      Halten wir fest, daß für den Staatsrat das ursprüngliche
Motiv für die Reform in der Landtagsberufung lag. Die Er-
kenntnis ist wichtig für das Verhalten der Regierung: den geringen Nachdruck, mit dem sie ihre Pläne verfolgt hat. Man
war, wie Treitschke richtig bemerkt, im Innersten reform-
unlustig; die politische Konstellation, die Klugheitspflicht, der
Regierung die Initiative zu wahren und eventuellen Petitionen
zuvorzukommen, drängten zum Handeln. Daneben eine gewisse
Einsicht in das Überlebte, Unzeitgemäße des bestehenden
Zustands.
      Daraus allein hätten die leitenden Männer jedoch niemals
die Notwendigkeit einer Reform gefolgert. Den Antrieb bildeten vielmehr die skizzierten politischen Erwägungen. Daß
daneben in einzelnen Köpfen noch andere Gedanken maßgebend
waren, ist nur natürlich und wird weiter unten betont werden.
In diesen Bemerkungen sind die Motive gegeben, denen der
Entwurf von 47 seine Entstehung verdankt.

      Die ganze Angelegenheit kam durch eine Kabinettsordre
des Königs vom 7. November 1846[2] in Fluß. Die Ordre enthielt in ihren Grundzügen die dem Landtage vorgelegten Propositionen. Im Hinblick auf die baldige Zusammenberufung
der Stände erscheine es nötig, „mindestens e i n e n Gegenstand

---

[1] Über den am 12. März 1847 veröffentlichten Etat vgl. Reden,
Finanzstatistik II (2) S. 101. Er enthielt zum ersten Male mehr Einzelheiten über Einnahmen und Ausgaben: so z. B. die Gewinnungskosten
bei Post und Lotterie, die Einkünfte der Seehandlung u. a. m. Er
schloß ab mit einer Reineinnahme von 64 033 692 Talern. Die Roh-
einnahme berechnet Reden auf 94 028 000 Taler. Dazu kam ein aus dem
Vorjahre übernommener Restbestand von 9 421 224 Talern. Diese Bestände, von denen keine Rechenschaft abgelegt wurde, dienten verschiedenen Zwecken und gehörten zu den Eigentümlichkeiten des vor-
konstitutionellen Preußen. Vgl. S. 55.
[2] F. M. Adhib. z. d. Eink.St. Gen. Bd. IV.

seiner Beratung zu unterlegen". Als solcher wird die Übernahme des Baues der Eisenbahnen auf Staatskosten, die Beschaffung der dazu nötigen Geldmittel durch eine Anleihe und
im Zusammenhange damit die Errichtung von Provinzialrenten-
banken der Begutachtung des Staatsrats unterbreitet. Endlich
könne auch die mehrfach von den Provinzialständen beantragte
Umwandlung der Mahl- und Schlachtsteuer in eine Klassensteuer die Veranlassung zu einer Proposition werden.

Man scheint also zunächst an die Einkommensteuer als
eine passende Lösung der Besteuerungsfrage überhaupt nicht
gedacht zu haben. Vielmehr erschien der Ausbau der Klassensteuer als das gegebene Auskunftsmittel. Erst nachträglich
mag die Überlegung, daß eine Erhöhung ihrer Sätze in den
oberen Stufen verhältnismäßig geringe Erträge bringen würde,
den Gedanken an eine Einkommensteuer nahegelegt haben[1].

Es ist interessant, daß wir die Genesis der Denkschrift,
die den Gesetzentwurf in den Staatsrat und später in den
Landtag begleitete, genauer verfolgen können. Die Kritik der
Mahl- und Schlachtsteuer ist dem am Ende des vorigen Ab-
schnitts erwähnten Memorandum vom September 45 entnommen.
Der Verfasser war Otto Camphausen, der seit 1845 als
Geheimer Rat im Finanzministerium tätig war. Die leitenden
Ideengänge scheinen jedoch der Hauptsache nach von Kühne
inspiriert worden zu sein[2].

Vor dem Zusammentritt des Staatsrats wurden gutacht-
liche Äußerungen der einzelnen Mitglieder eingezogen. Charakteristisch sind vornehmlich die Ausführungen Rothers; sie
enthalten eine völlige Anerkennung des Prinzips der neuen
Besteuerungsform, die „durch die gesamte wirtschaftliche Entwicklung des Landes seit 1820 indiziert sei". Ich zitiere seine
eigenen Worte: „Endlich glaube ich hervorheben zu dürfen,
daß durch die Einführung einer mäßigen Einkommensteuer
nicht nur für außerordentliche Zeiten, in denen namentlich das
Einkommen aus den indirekten Steuern unsicher werden könnte,
eine breitere Grundlage für Erhebung außerordentlicher Steuern
gewonnen, sondern unser direktes Steuersystem überhaupt
elastischer und in sich perfektibler werden wird, als es jetzt
erscheint". Der Anerkennung des Prinzips stehen einige
kritische Bedenken, die sich auf die Ausführung im Einzelnen
beziehen, gegenüber. Auf Einiges kommen wir zurück. Zur
Bewertung der Persönlichkeit Rothers möchte ich hinzufügen,
daß die Detailbetrachtungen an manchen Stellen doch wohl
finanzwissenschaftliche Vertiefung vermissen ließen, während

---

[1] Kühne wies darauf hin in der Staatsratssitzung vom 6. März 1847.
[2] Es liegen zwei Entwürfe vor, die erst nach den Beratungen
im Staatsrat wegen der dadurch notwendigen Ergänzungen ineinander
verschmolzen worden sind. Beonders die Einleitung wurde dabei stark
überarbeitet.

sein praktischer, durchaus auf das Reale gerichteter Sinn,
deutlich zu Tage trat. Im Herzen freihändlerisch, gehörte er
noch 1834 zu denjenigen, die aus finanziellen Gründen den
Zollverein bekämpften[1]. Seine Politik war eben nicht an
großen Idealen orientiert, verstand es jedoch meisterhaft,
drängenden Zeitbedürfnissen gerecht zu werden. Die Schuldentilgung nach den Napoleonischen Kriegen, sowie die vernünftige, den Krisen vorbeugende Gewerbepolitik, die gute Verwaltung der Seehandlung, ihre so notwendige Unterstützung
von Industrie und Handel, waren im Wesentlichen auf seine
Initiative zurückzuführen.

In gänzlich anders geartetem Ideenkreis wurzelte Savignys
Gutachten. Er plaidierte für einen weiteren Ausbau der Klassensteuer: vorwiegend deshalb, weil sie schon existiere und dem
Geiste des preußischen Volkes adäquat sei. In der Einkommensteuer sah er die „gehässigere ausländische" Abgabe, die den
preußischen Verhältnissen erst künstlich „aufoktroyiert" werden
müsse. In der Annahme, daß sich durch die Mahl- und Schlachtsteuer auch die Lebensmittelpreise nicht vermindern würden,
bezweifelte er „selbst den moralischen Eindruck, den man sich
sonst von einer gänzlichen Aufhebung der Schlacht- und
Mahlsteuer versprechen dürfte."

Bevor wir die Debatte im Staatsrat, als deren Substrat
wir die Notwendigkeit einer Reform aus praktisch-politischen
Erwägungen kennen gelernt haben, näher analysieren, ist es
nötig, den Inhalt der Gesetzesentwürfe in wenigen Strichen
zu skizzieren. Die Entwürfe waren, ebenso wie die Denkschrift, nach Kühnes Angaben gefertigt und verrieten in
jeder Einzelbestimmung seine gründliche finanztheoretische
Kenntnis, die durch langjährige Erfahrung eine eigentümliche
Sicherheit in ihrer Anwendung auf die Praxis erlangt hatte.
Die Tendenz der Entwürfe war ganz allgemein auf eine
Unifikation des Steuerwesens für die ganze Monarchie ge-
richtet. Die Mahl- und Schlachtsteuer und die Klassensteuer,
letztere in der Form, wie sie seit der Gesetzgebung vom 30. Mai
1820 bestand, sollten abgeschafft und für ein Einkommen von
400 Talern und darüber durch eine Einkommensteuer, für ein
solches von unter 400 Talern durch eine neue Klassensteuer
ersetzt werden. Die Scheidung geschah vorwiegend aus praktischen Gründen. Die in der Veranlagung schwierige Einkommensteuer sollte so auf einen geringen Bruchteil der Bevölkerung beschränkt und durch die Klassensteuer die genaue
Feststellung der kleinen Einkommen unter 400 Talern, die den
Behörden unverhältnismässige Schwierigkeit gemacht hätte,
geschickt vermieden werden. Welche Vereinfachung die Verschiedenheit in der Steuerumlage nach Größe der Einnahmen

---

[1] Treitschke IV. S. 577.

mit sich brachte, geht schon daraus hervor, daß 1846 8,08 %
der klassensteuerpflichtigen Bevölkerung wegen Armut oder
aus anderen Befreiungsgründen steuerfrei blieben, 89,05 % in
die beiden unteren Hauptklassen rangierten und nur 2,87 %
in den beiden oberen Hauptklassen steuerten, also im Sinne
der neuen Vorlage einkommensteuerpflichtig waren[1]. Außerdem gab es für die Kompetenz der Klassensteuer aus der Natur
der Sache entspringende, genau bestimmbare Grenzlinien: nach
oben in „dem Besitz eines kleinen Grund- oder Kapitalvermögens,
aus dessen Ertrag der Besitzer jedoch nur bei eigener Tätigkeit für sich und seine Familie den notdürftigen Unterhalt
zu erlangen vermag", nach unten „in der Arbeitskraft des
gewöhnlichen Tagelöhners"; innerhalb dieser Grenzlinien war
es ebenso leicht, „die Abstufungen nach allgemeinen, der rela-
tiven Leistungsfähigkeit entsprechenden Merkmalen" anzugeben,
als schwierig, das „steuerbare Einkommen" in jedem Einzel-
falle genau zu bestimmen.

Die Klassensteuer sollte in zwei Hauptklassen mit je drei
Unterstufen erhoben werden. Die erste Klasse umfaßte die
kleinen Grund- und Kapitalbesitzer, bei denen das Einkommen
als Nebensache, der Verdienst durch gewöhnliche Lohnarbeit
als Hauptsache angesehen wurde. Ferner rangierten in diese
Klasse die Staats- und Gemeindebeamten, Aerzte, Notare usw.
mit einem Einkommen von unter 400 Talern. In die zweite
Klasse gehörten die Lohnarbeiter und die ganz kleinen Grundbesitzer und Gewerbetreibenden. In der untersten Stufe der
zweiten Hauptklasse wurde die Klassensteuer nach Analogie
der Kopfsteuer[2] erhoben; es sollten jedoch aus einem Haus-
halte nie mehr als d r e i Personen beisteuern; außerdem wurden
alle diejenigen Personen nicht mitgezählt, die am 1. Januar
des Veranlagungsjahrs das 60. Lebensjahr zurückgelegt hatten[3].
Steuerpflichtige, die zu keiner Haushaltung gehörten, zahlten
den halben Betrag ihrer Klasse als Personalsteuer. Die Klassifikation lag in den Händen der Gemeindebehörden; die Erhebung
war Sache der Gemeinden, die mit 4 % vom Ertrage ent-
schädigt wurden. Eine Ausnahme von dieser Bestimmung
galt nur in den westlichen Provinzen, wo die Erhebung von
den durch die Regierung ernannten Empfängern der Grundsteuer bewirkt werden sollte[4].

Der E i n k o m m e n s t e u e r waren alle Einwohner des
Staates mit Einschluß der sich im Auslande aufhaltenden Unter-
tanen unterworfen. Eximiert waren nur die Familien reichs-
ständischer Häuser, die katholische Geistlichkeit, soweit ihr im

---

[1] Bleich, Bd. I. S. 50.
[2] Vgl. S. 3.
[3] In Übereinstimmung mit K.O. vom 21. April 1827. S. 5.
[4] Vgl. K.O. vom 6. Februar 1841.

Erlaß vom 23. August 1821 lastenfreie Amtseinkünfte zugesichert waren und alle Fremden, die sich noch kein Jahr im preußischen Staate aufgehalten hatten. Ein interessantes Moment war die Scheidung in fundiertes und unfundiertes Einkommen. Ersteres wurde mit 3 %, letzteres mit 2 % zur Steuer herangezogen. Die Fassionen, in denen die Quellen des Einkommens nach einem vorgezeichneten Schema genauer definiert werden sollten, wurden besonderen Gemeinde - Kreis- und Bezirkskommissionen zur Prüfung und Feststellung eingereicht. Bei Unterlassung der Deklaration verfiel der Säumige einer Ordnungsstrafe, und konnte in diesem Falle eine spezielle Ermittelung des Einkommens angeordnet werden. Beim Verdacht einer unrichtigen Angabe verlangte man vom Deklaranten die Bestärkung an Eidesstatt; gleichzeitig sollte ein behördliches Ermittelungsverfahren in die Wege geleitet werden. Eine versuchte Steuerhinterziehung wurde mit einer Strafe bis zur Höhe des dreifachen Steuerbetrages von dem verheimlichten Einkommen geahndet. Für alle Rekurse bildete das Finanzministerium die letzte Instanz.

Der kurze Hinweis, daß der Übergang Englands zur Einkommensteuer auf die Anschauungen und Besteuerungssysteme des Kontinents tiefgreifenden Einfluß geübt hat, läßt sich durch einzelne vergleichende Bemerkungen über den Inhalt des englischen Einkommensteuergesetzes und des preußischen Entwurfes näher begründen. Wir werden dabei gleichzeitig auf einige Begriffsbildungen der Steuertheorie hingewiesen, wie sie in jenen Tagen häufig erörtert worden sind. Ein direktes Abhängigkeitsverhältnis, eine tiefer dringende Ähnlichkeit läßt sich nicht konstruieren. Für Preußen wurde nur die Tatsache bedeutsam, daß die Einkommensteuer überhaupt in die Praxis überführt werden konnte. Beide Steuern ruhten in ihrem innersten Wesen auf gänzlich gesonderten Grundlagen.

Das Ziel des preußischen Entwurfes war es, das Rein-einkommen des Steuernden zu ermitteln. Schulden, für Handel und Gewerbe notwendige Ausgaben durften in den Gesamteinkünften in Abzug gebracht werden; bei Einkommen aus Naturalabgaben sollte deren „wirklicher in Geld berechneter Reinertrag während der drei letzten Jahre" zum Grunde gelegt werden. Ebenso bei Handels- oder gewerblichen Unternehmungen, während bei Bergwerken, Hütten-, Stein-, Schiefer-, Kalk- und Kreidebrüchen der Durchschnittsgewinn aus den letzten fünf Jahren die Norm abgeben mußte. Die Bestimmungen deuten darauf hin, daß man überall bemüht war, aus dem Brutto-Einkommen die Reinerträge zu destillieren. Der Einkommensbegriff war damals theoretisch noch nicht vollkommen geklärt; aber es läßt sich wohl behaupten, daß die im Entwurf gegebene Definition in Praxis das wahre Einkommen ziemlich genau umschrieb.

Anders in England. Die Tendenz, nur das Reineinkommen
heranzuziehen, kann auch hier nicht völlig geleugnet werden.
Es lag in der Anlage der Steuer, wenn dieser Zweck nur unvollkommen erreicht wurde. Sie war „Objektsteuer": es handelte
sich für sie nicht darum, das Einkommen in der Einheit des
Individuums zu treffen, sondern sie ergriff es gleichsam im
Moment seines Entstehens; an der Quelle, wie man sich treffend
ausgedrückt hat. Nur in der Freilassung eines Minimaleinkommens (ursprünglich bis zu 150 L. St.), und ganz besonders in dem Rechte des Pächters, bei Zinszahlung die vor-
gestreckte Quote der Einkommensteuer in Abzug zu bringen,
hatte sie Elemente der „Subjektsteuer" in sich aufgenommen.
Im Ganzen war sie „eine einkommensteuerartige Zusammenfassung eines Systems von Ertragssteuern" (Wagner)[1]. Wir
haben schon angedeutet, daß auch dies Prinzip nicht überall
beibehalten worden ist; einzelne Ertragssteuern z. B. befanden
sich auf dem Wege zur Einkommensteuer. Dafür nur ein
Beispiel: der englische Pächter brauchte nur die Hälfte, der
irische und schottische ein Drittel des Ertrags der Nutzung
der von ihm gepachteten Grundstücke zu versteuern. Man
glaubte, in dieser, heute noch bestehenden Fiktion eines rein
schematischen Zusammenhangs zwischen dem vollen Ertrag
und dem Gewinn aus der Landnutzung diesen letzteren zu
erhalten und nur ihn der Besteuerung zu unterwerfen.

Zusammenfassend können wir sagen, die englische Einkommensteuer war „ein System der Besteuerung teils nach
dem rohen, teils nach dem reinen Ertrage, teils nach einem
vorausgesetzten oder durchschnittlichen Mittelding zwischen
beiden." (Vocke)[2].

Das Entscheidende des preußischen Entwurfes hingegen
lag ebensosehr in dem konsequent durchgeführten Versuche,

---

[1] III, S. 239.
[2] Es konnte nicht unsere Aufgabe sein, die englische Einkommensteuer in ihren Einzelbestimmungen zu charakterisieren. Es sollte vielmehr nur das Wesentliche herausgegriffen werden. Ich möchte nicht
unerwähnt lassen, daß Helds Ansichten über den Charakter der englischen Einkommensteuer von der obigen abweicht. Nach Held, S. 207
ist die englische Einkommensteuer kein „System von Ertragssteuern",
sondern eine wirkliche Einkommensteuer, die lediglich zu ihrer praktischen Durchführbarkeit ertragssteuerartig angelegt ist Um
den Gegensatz zu der im Text gegebenen Wagnerschen Definition
zu verdeutlichen, könnte man in Helds Sinne sagen: sie ist eine ertragssteuerartig angelegte Einkommensteuer. Der Nachdruck würde auf dem Worte Einkommensteuer liegen. Die Gründe,
die Held anführt, um die Prinziplosigkeit der englischen Einkommensteuer zu verdecken, sind jedoch nicht durchschlagend. Auch historisch
ließe sich unsere Ansicht stützen. — Wagner u. Heckel (Wörter-
buch d. Volkswirtschaft I, S. 747) haben die im Text wieder-
gegebene Ansicht von Vocke, Geschichte der Steuern des brit. Reichs
1866, S. 538 ff., der Hauptsache nach adoptiert. Zur Literatur vgl.
auch Nasse u. Kries in der Tüb. Ztschr. 1854.

die Reinerträge zu erfassen, als in der Verschiebung des Er-
hebungsortes in die Einheit des Individuums. Erst dadurch wurden die letzten Reste der Ertragssteuer und damit
der Objektbesteuerung, soweit dies überhaupt möglich ist,
überwunden. Damit hatte man in der individuellen Leistungsfähigkeit gleichzeitig eine Unterlage für die politischen Rechte
des Einzelnen gefunden (Kühne). Erst in der Folgezeit wurde
die These zur Anerkennung gebracht, daß ausschließlich die
finanzielle Leistungsfähigkeit des Subjekts es sei, die seine
Stellung im Staate, seine Rechte innerhalb des öffentlichen
Verbandes, regulieren sollte. Damals war, allerdings nur in
den gebildeten Schichten des Bürgertums, noch die Ansicht
maßgebend, daß größere Wohlhabenheit auch die Pflicht größerer
Lasten dem Staate gegenüber auferlege; daß in der Einkommensteuer mit Selbstdeklaration die Interessengemeinschaft zwischen
dem Staate und dem Einzelnen einen reinen Ausdruck erhalte
(Camphausen). Die englische Einkommensteuer mit ihrer
unmittelbar auf die Ertragsquellen zurückgreifenden Erhebung
hatte unzweifelhaft praktische Vorzüge vor dem preußischen
Entwurfe voraus. Vom Standpunkt der reinen Theorie und
der Erziehung des Staatsbürgers zu politischer Verantwortlichkeit war das preußische Gesetz ungleich tiefer gefaßt. Wir
werden allerdings sehen, daß ein solches Gefühl politischer
Verantwortlichkeit im Volke, besonders bei der Mehrzahl der
Bourgeoisie, keine tiefen Wurzeln geschlagen hatte.

Das Einzige also, was auf Englands Vorbild zurückgeführt
werden könnte, war das für die Steuerdeklaration vorgeschriebene
Schema. In der Umgrenzung der verschiedenen Einkommen-
zweige war man im ganzen den 5 Steuerkategorien Englands
gefolgt[1]. Ein Blick auf die beiden Gesetze könnte uns
darüber belehren; ich verzichte deshalb auf eine nähere Ausführung.

Die Freilassung eines Minimaleinkommens konnte sich
der preußische Staat allerdings nicht leisten. Es war jedoch
insofern ein Ersatz eingetreten, als etwaige Überschüsse, die
sich bei dem neuen, vorwiegend auf Heranziehung der oberen
Bevölkerungsklassen basierten Besteuerungssystem, herausstellen
würden, zu Steuernachlässen und Erleichterungen für die
unteren verwendet werden sollten.

Der Exkurs über die englische Elnkommensteuer hat, wie
ich hoffe, die Grundlinien des preußischen Entwurfs, seine
zeitgeschichtliche und steuertheoretische Bedeutung klarer her-
vortreten lassen. Einige Bemerkungen mehr technischen In-
halts werden bei der im Folgenden in den Hauptzügen wieder-

---

[1] Eine Sonderrubrik für das Einkommen aus „landwirtschaftlicher
Tätigkeit" wurde in Preußen richtigerweise vermieden.

gegebenen Diskussion im Staatsrat (2., 6. und 9. März 47)
nachzuholen sein.

In den Staatsprotokollen lassen sich der Hauptsache nach
drei Momente von einander unterscheiden. Die Motive, die
der Entschließung der leitenden Männer zugrunde lagen: wir
haben sie eingangs analysiert. Die Frage nach der Besteuerung
des Militärs und endlich steuertechnische Einzelheiten.

Die Heranziehung des Militärs zur Einkommensteuer wurde
durch den Kriegsminister B o y e n zur Sprache gebracht. Das
Offizierseinkommen sei so knapp bemessen, daß es zur Führung
eines standesgemäßen Lebens sowieso kaum ausreiche und
keine weiteren Abzüge gestatte. Es sei deshalb auch in Preußen
seit den Tagen des Großen Kurfürsten Tradition gewesen, das
Militär von allen direkten Abgaben, auch den Kommunalsteuern,
zu befreien[1]. Selbst die S t e i n - H a r d e n b e r g s c h e Verwaltung habe die Exemtion des Offizierstandes unberührt gelassen. „Wenn man dieses Herkommen antaste, so würde es
nicht ausbleiben, daß der Vereinigte Landtag sich für berechtigt erachten würde, über das Militärbudget eine Diskussion
zu beginnen". Das sollte vermieden werden, wie überhaupt
jede Kritik der Regierung von seiten des Landtags von vornherein ausscheiden mußte. Nur „die unbedingte Notwendigkeit"
würde die Heranziehung des Militärs zur Einkommensteuer
rechtfertigen: denn auch die Art der Ermittlung des steuerbaren Einkommens wäre unvereinbar mit militärischen Ehr-
begriffen, „da der Landrat dadurch in eine den beiderseitigen
Dienstverhältnissen nicht entsprechende Stellung zum Offizier
gebracht werde." Diesen Ausführungen schloß sich der P r i n z
v o n P r e u ß e n an.

B o y e n s Argumenten standen andere von größerem Ge-
wichte entgegen. Die völlige Befreiung des Militärs hieße
neue Vorrechte gewähren: die mit einer Einkommensteuer zu
belegenden Offiziere seien mit wenigen Ausnahmen seither von
der Mahl- und Schlachtsteuer betroffen worden. Erörterungen
über das Militärbudget würden sowieso schwerlich ausbleiben,
durch die Befreiung des Offizierstandes aber erst recht nahegelegt, weil die Stände nach dem „Warum" fragen könnten.
Man dürfe endlich das Militär nicht vor den Zivilbeamten be-
vorzugen. Die bestehende Exemtion von der K l a s s e n s t e u e r
solle natürlich bestehen bleiben. Die Abstimmung ergab
Stimmengleichheit; in diesem Falle hätte das Votum des präsi-

---

[1] Über die Stellung des Militärs in der Reform von 1820 vgl.
D i e t e r i c i , S. 282. — Die „servisberechtigten Militärpersonen" waren
sogar hinsichtlich ihres sonstigen (nicht dienstlichen) Einkommens von
allen direkten Kommunalauflagen befreit. Vgl. G r o t e f e n d , Die
Grundsätze des Kommunalsteuerwesens usw. 1874 S. 79, namentlich
Anm. 3; auch S c h ö n , Das Recht der Kommunalverbände in Preußen.
S. 84, Anm. 5.

dierenden Kriegsministers den Ausschlag geben können, doch
zog man es vor, die Angelegenheit — in anbetracht ihrer
Wichtigkeit — dem Urteil des Monarchen zu unterbreiten.

Friedrich Wilhelm entschied in einer Ordre vom 27. März,
daß die Einkommensteuerpflicht auch auf das Militär ausgedehnt
werden solle; die neue Abgabe sei nichts anderes als eine
Umwandlung der Mahl- und Schlachtsteuer. Bei Feststellung des Einkommens sei ein angemessener Betrag in Abzug zu bringen, der als Entschädigung für Dienstaufwand an-
zusehen wäre. Die Antwort enthielt schon einige Richtlinien,
die einer späteren Regelung der Verhältnisse zugrunde gelegt
werden sollten.

In letzter Linie handelte es sich in den Beratungen noch
um technische Einzelheiten: wir erwähnen sie nur insoweit,
als sie ein tieferes, über das Ephemere des Entwurfs hinaus-
gehendes, Interesse beanspruchen dürfen. Auch das sozialpolitische Element fehlt nicht völlig.

Man folgte zunächst einer Anregung Bodelschwinghs,
in der untersten Klassensteuerstufe nur zwei Personen in
jeder Haushaltung zur Steuer heranzuziehen. Die Erleichterung
für diesen ärmsten Teil der Bevölkerung war nicht unbedeu-
tend. Den Ausfall für die Staatskasse berechnete Düesberg
auf etwa 80—100 000 Taler. Der schon in Rothers Gutachten enthaltene Vorschlag, die Erträgnisse eines Gewerbes
dem fundierten Einkommen gleichzusetzen und dementsprechend
mit 3 % zu belasten — da das in der Industrie angelegte
Kapital wegen der höheren Zinsen eine stärkere Belastung er-
tragen könne — wurde abgelehnt. Auch der interessante
Gedanke Bodelschwinghs einer Progressivbesteuerung für
ein Einkommen von etwa 1000 Taler an, der eine Degression
für ein solches von 400—1000 Taler parallel gehen sollte, stieß
auf mannigfache Bedenken; der Ertrag für die Staatskasse
bleibe geringfügig; eine Erleichterung für die untern Volksklassen stände aus diesem Grunde nicht zu erwarten; aber vor
allem schreckte man doch wohl vor dem Prinzipe zurück.

Eingehend beschäftigte man sich mit dem Detail des
Deklarationsverfahrens. Ursprüngliche Härten wurden gemildert: so versiegelte Deklarationen zugelassen. Ferner
sollten die Bezirkskommissionen beim Verhängen einer Strafe
genau darauf achten, ob die falsche Angabe auf einen Irrtum
oder auf die Böswilligkeit des Deklarierenden zurückzuführen
sei[1]. Die Mitgliederzahl der Bezirks- und Kreiskommission
wurde auf Rothers Antrag von 3 auf 5 verstärkt; die Wahl

---

[1] Trotzdem hielt man konsequent an dem Grundsatz fest, „das
Gesetz müsse ausgedehnte Befugnisse an die Hand geben, um das Einkommen von gewissenlosen Deklaranten aufzudecken, wogegen dann
von diesen Befugnissen ein behutsamer Gebrauch zu machen sei."

der Mitglieder einer jeden Bezirkskommission den Provinzial-
Landtagen reserviert. Ebenso den Kreis- und Bezirksstädten
nach Größe und Bedeutung eine Vertretung in den Kommissionen zugesichert, in der Grundeigentum und Großhandel besondere Berücksichtigung fanden: Maßnahmen, durch die der
ständische Charakter der Kommissionen und eine gleichmäßige
Verteilung der verschiedenen Interessen garantiert werden
sollten.

Die Kompetenz des Finanzministers wurde auf „Bestätigung
und Milderung" der von den Bezirkskommissionen ergangenen
Entscheidungen beschränkt; eine „Verschärfung" hingegen
sollte nur durch eine besondere Kommission angeordnet werden
können, die sich aus Mitgliedern der ständischen Deputation
für das Staatsschuldenwesen und einem Anwalt des Finanzministers unter dem Präsidium eines Mitgliedes des höchsten
Gerichtshofs zusammensetzte.

Damit war die Angelegenheit für den Staatsrat erledigt;
sie war reif, den Ständen zur Beurteilung vorgelegt zu werden.
Die Diskussion im Landtage beanspruchte zwei Tage (10. und
12. Juni 1847); sie folgte den langwierigen Debatten über die
Ostbahnanleihe und die Landrentenbanken.

Die Einsicht in das Schicksal des Entwurfs ließe sich
durch eine Geschichte des Vereinigten Landtags: die Entstehung des Patents vom 3. Februar, die verschiedenen Gruppen
innerhalb des Landtags selber, die Bedeutung der rheinischen
Opposition für die konstitutionelle Ideenbildung, wesentlich
vertiefen. Eine zusammenfassende Darstellung des ersten Vereinigten Landtags besitzen wir nicht[1]. Über den Rahmen
unserer Arbeit würde sie hinausgreifen. Über die staatsrecht-
liche Stellung des Vereinigten Landtags werden wir später,
wo die an die Ablehnung der Regierungsvorlage anknüpfenden
Probleme im Einzelnen zu besprechen sein werden, noch einiges
zu sagen haben. Hier handelt es sich lediglich um den äußeren
Gang der Ereignisse, das Schicksal der Gesetzentwürfe.

Wir wissen, daß die Vorlagen von Anfang an Gegenstand
ständischer Beratung sein sollten; allerdings hätte R o t h e r
gern gesehen, wenn von den Ständen das Detail der Entwürfe
entzogen und nur das Prinzip zur Entscheidung vorgelegt
worden wäre. Sein Antrag drang im Staatsrat nicht durch.
Es ist ferner ausgeführt, aus welchen Gründen die leitenden
Kreise der ständischen Assistenz in diesem Falle einen besonderen Wert beimaßen.

Hier ist es also unsere Aufgabe, den Widerspruch, den
die Vorlagen fanden, so weit darzulegen, als ihm eine finanz-

---

[1] Das Beste aus neuerer Zeit: H a n s e n , M e v i s s e n , Bd. I,
S. 439 ff. und K o s e r in der Festschrift des märk. Geschichtsvereins f.
S c h m o l l e r , S. 287 ff.

politisch-p r i n z i p i e l l e Bedeutung n i c h t zusteht. Die Dar-
legung der inneren Gründe, die 1847 einer Reform unter den
Bedingungen, wie sie die Regierung in Aussicht genommen
hatte, entgegen standen, bleibt der speziellen Untersuchung
des folgenden Paragraphen vorbehalten.

In der Finanzkommission des Vereinigten Landtags wurde
zunächst über das Prinzip der Entwürfe abgestimmt; die Einkommensteuer als Ersatz der Mahl- und Schlachtsteuer mit
großer Majorität verworfen. Ihrer Natur nach wäre die Einkommensteuer mehr eine Abgabe für die Zeit der Not, wie
es Preußens Beispiel in den Freiheitskriegen bewiesen habe.
Besonders schien sie den kaufmännischen Kredit zu gefährden,
der durch Offenlegung der Einnahmen, wegen der damit verbundenen Rückschlüsse auf die geschäftliche Leistungsfähigkeit, erhebliche Schädigungen erfahre.

Nach der prinzipiellen Ablehnung wurden die einzelnen
Paragraphen für den Fall, daß die Vorlage im Plenum durch-
ging, einer kritischen Würdigung unterzogen. Man bezweifelte
mit Recht, ob sich die Grenzlinie zwischen fundiertem und
unfundiertem Einkommen würde auffinden lassen. Nicht uninteressant waren die tastenden Versuche, eine solche Grenzlinie zu bestimmen. So wurde beantragt, „das ohne alle
persönliche Mitwirkung erzielte Einkommen, welches aus dem
Genusse von Zinsen, Dividenden usw. hervorgehe, einer besonders zu normierenden höchsten Steuer" zu unterwerfen.
Da jedoch in dieser Bestimmung auch das Einkommen der
Witwen und Waisen getroffen werde, wo hingegen der Rentner
bei steigendem Kapitalbedarf die Folgen einer solchen Maßnahme seinem Schuldner aufbürden werde, hielt man den
Antrag nicht für zulässig. Auch ein zweiter Vorschlag, das
weder durch Grund- noch durch Kapitalbesitz gestützte,
lediglich auf persönlicher Tätigkeit ruhende Einkommen
niedriger zu besteuern, fand keinen Anklang. Danach würde
jeder, der über ein mäßiges Betriebskapital verfüge, der Hauptsache nach aber auf seine Arbeitskraft angewiesen sei, un-
gerechterweise höher belastet.

Auf dem, von der Kommission vorgeschlagenen schema-
matischen Wege ließ sich die Frage eben nicht lösen.

So blieb das Resultat der Beratung ein negatives. Prinzip
und Einzelbestimmungen des Entwurfs waren abgelehnt. Im
Plenum war die Stimmung von vornherein eine ungünstige.
Gleich zu Anfang brachte deshalb H a n s e m a n n einen Antrag
ein, in dem für den Fall, daß der Entwurf in dieser Fassung
durchfiel, der König gebeten wurde, beim nächsten Vereinigten
Landtage eine neue Vorlage einzubringen, „durch welche die
Klassensteuer dem Prinzipe der Einkommensteuer . . . . ge-
nähert werde.

Wenigstens der Einkommensteuergedanke als solcher sollte durch H a n s e m a n n s Amendement gerettet werden.

Die übrigen Redner zerfielen nach ihrer Stellungnahme in zwei Gruppen[1]: die Vertreter der Rheinlande, der damals fortgeschrittensten preußischen Provinz, sprachen fast sämtlich für die Einkommensteuer, am besten L u d o l f C a m p h a u s e n: seine Erwägungen, herausgerückt aus dem Kreise einseitiger Klassenpolitik, der der größere Teil der Bourgeoisie unumwunden huldigte, waren mit großzügigen staatspolitischen und sozialen Ideen durchsetzt. Den Rheinländern nahe stand der Vertreter der westfälischen Ritterschaft: Freiherr v. V i n c k e. Einer Einkommensteuer mußte jedoch nach seiner Auffassung die Eliminierung der Grund- und Gewerbesteuer, die schon spezielle Teile des Einkommens träfen, vorangehen[2]: eine Anschauung, der wir in den folgenden Jahren vorzüglich beim Großgrundbesitz und während der Revolution auch bei den radikalen Demokraten, häufiger begegnen werden.

Die Vertreter der alten Provinzen widerstrebten durchweg der Reform; entweder leugneten sie überhaupt die N o t w e n d i g k e i t, oder aber sie wollten eine eventuelle Änderung des Steuerwesens auf den weiteren Ausbau des Klassensteuerschemas beschränkt wissen. Am konservativsten waren die Brandenburger, denen sämtliche Nachteile der Mahl- und Schlachtsteuer als illusorisch erschienen: wie könne man sich überhaupt von einer Steuer trennen, die nun schon 27 Jahre bestanden habe! Das Alter der Abgabe, die Gewohnheit des Volkes, sie zu zahlen, gab in ihren Argumentationen fast allein den Ausschlag. Auf sie zielte wohl K ü h n e s ironische Bemerkung: man erkenne seine besten Freunde erst dann, wenn man sich von ihnen scheiden solle[3].

Bei der übereilten[4] Abstimmung vom 12. Juni wurde die Aufhebung der Mahl- und Schlachtsteuer unter der Voraussetzung, „daß an die Stelle derselben eine Einkommensteuer trete", mit großer Majorität abgelehnt. Von den zahlreichen Amendements, die auf Erleichterung der ärmeren Volksklassen hinzielten, akzeptierte man vorsichtigerweise A r n i m s vage

[1] Vgl. B l e i c h, Bd. III, S. 1575—1668, IV, S. 1669—1694; ferner die Darstellung bei G r ä t z e r, S. 61 ff. und H e l d, S. 283 ff.

[2] Sehr charakteristisch erklärte er die Existenz einer Einkommensteuer neben der Grund- und Gewerbesteuer für „prinzipiellen Unsinn". Dieser Schluß ist bei der Überlastung seiner Provinz mit den beiden letztgenannten Abgaben erklärlich. Allerdings wurde diese Überlastung häufig genug übertrieben dargestellt.

[3] Übrigens war K ü h n e s Verteidigung ziemlich matt. T r e i t s c h k e V, S. 628 teilt aus seinen Denkwürdigkeiten mit, daß er — damals wenigstens — von der „unbedingten Notwendigkeit der Reform" durchaus nicht überzeugt war. Einen ähnlichen Eindruck gewinnt man übrigens aus dem Studium der Staatsratsprotokolle.

[4] M e v i s s e n an seine Familie (Hansen II, S. 307).

Bitte an den König, eine „der Steuerfähigkeit verhältnismäßig
entsprechende Besteuerung . . . . . huldreichst in anderweite
Erwägung nehmen und dem nächsten Vereinigten Landtage
deren Ergebnisse vorlegen zu lassen".

Die Entscheidung des Landtags war bedeutungsvoll für
die Folgezeit. Die Regierung hatte ihrer Pflicht genügt, in
der schwierigen Besteuerungsfrage den ersten Schritt zu tun.
Bei späteren Reformversuchen hat sie es niemals unterlassen,
mit „Bedauern" auf das Schicksal dieses ersten Entwurfs
zurückzublicken.

Und doch lag in ihrer Haltung eine innere Unwahrheit.
Durch die Abgrenzung der ständischen Befugnisse hatte sie
es manchem liberal Gesinnten schwer, wenn nicht unmöglich
gemacht, sich für eine Änderung des Steuerwesens zu erklären.
Wir werden diese Tatsache im Folgenden näher begründen.

Hier nur noch die allgemeine Bemerkung: Durch die
Entscheidung des Vereinigten Landtags, die zum Teil allerdings aus rein objektiven Gründen hergeleitet werden konnte,
wurde einer durchgreifenden Reform des direkten Steuerwesens in Preußen für die nächsten Jahrzehnte die Spitze
abgebrochen.

B. Bedenken gegen die Einkommensteuer, innere Gründe ihrer Ablehnung.

Es ist nicht ganz leicht, die Frage zu beantworten, inwiefern die Begrenzung der Kompetenz des Vereinigten Landtags für die Ablehnung des Einkommensteuerprojektes eine
Rolle gespielt hat. Die Rheinländer, die bei der Diskussion
über die Ostbahnanleihe dies Moment in den Vordergrund
gerückt hatten, schienen in diesem Falle davon abstrahieren
zu wollen[1]. Für ihre Stellungnahme fielen weniger politische
als soziale Erwägungen in die Wagschale; der Mensch, der
lebt, habe auch das Recht zu leben; d i e s e Wahrheit solle
durch gerechte Verteilung der Abgaben, durch Entlastung
der ärmeren Volksschichten von der Gesellschaft in erweitertem
Umfange anerkannt werden (C a m p h a u s e n). Sie stimmten
also durchweg für die Regierungsvorlage.

Von anderer Seite, wohl besonders aus den sehr liberalen
Kreisen der schlesischen Stadt- und Landgemeinden[2], wurde
der Vorteil einer Reform bei dem Fehlen des Budgetrechts
stark in Zweifel gezogen; schon in der Kommission darauf
aufmerksam gemacht, daß das nach § 3 des Einkommen-
steuerentwurfs der Regierung zustehende Recht einer Erhöhung

---

[1] Bleich III, S. 1586.
[2] Koser, a. a. O., S. 306 f.

der Sätze, sofern die Summe von $3^1/_2$ Million Taler nicht
erreicht werde, „eine Steuerbewilligung in infinitum enthalte,
während den Ständen keine Kontrolle über die Staatseinnahmen und deren Verwaltung zustehe". Auch Hansemann
bemerkte in seinem Referat über die Kommissionsberatung,
daß unter dieser Devise Einspruch erhoben worden sei[1]. Der
Kaufmann Milde, Handelsminister von 1848, verglich die
Einkommensteuer dem Erbgeschoß der mittelalterlichen Städte,
glaubte jedoch, ihre Einführung nicht empfehlen zu können,
„ohne die ganzen Konsequenzen, ohne die Kontrolle über die
Ausgaben, welche das Gemeinwesen damals hatte, zu gleicher
Zeit zur Annahme bringen zu können". Am schlagendsten
aber drückte diesen Gedanken der Breslauer Siebig aus,
der im Hinblick auf das Budgetrecht der englichen Volksvertretung meinte: „Werden wir erst dieses Recht in Preußen
erlangen, dann, glaube ich, werden wir auch mit gutem Fug
jede Steuer einführen, die als notwendig und nützlich erachtet
wird."

So dürfte es nicht überflüssig sein, die Kompetenz des
ersten Vereinigten Landtags, insbesondere soweit sie sich auf
das Finanz- und Steuerwesen erstreckte, etwas genauer zu
umschreiben. Die Bedenken der schlesischen Abgeordneten
erhalten dadurch Hintergrund. Bei der Schilderung des Zu-
sammenhanges der Verfassungs- und Einkommensteuerfrage
werden wir darauf zurückgreifen müssen.

Welcher Art war also die Versammlung, in deren Hand
das Schicksal der Steuerreform gelegt war?

Nach der Anschauung des Königs das Fazit einer organischen Entwicklung, in Wirklichkeit eine ziemlich willkürliche ständische Bildung, deren Befugnisse im Vergleich mit
der älteren Gesetzgebung teils beschnitten, teils über den
Kreis der früher zugestandenen, erweitert waren[2]. Aber wie
vorsichtig man auch bei der Abgrenzung der Rechte zu Werke
gehen mochte, es fanden sich dennoch solche darunter, die,
richtig angewandt, die Versammlung in eine konstitutionelle
überführen mußten: ich meine das Anleihe- und Steuerbewilligungsrecht. Denn diese beiden Zugeständnisse
verbürgten die Periodizität des Landtags. Ohne
Anleihe[3], ohne Erhöhung der direkten Steuern in periodischer
Wiederkehr konnte die Folgezeit nicht auskommen.

---

[1] Bleich, III, S. 1586.
[2] Vgl. Rönne I, § 3, und Treitschke, V, S. 610 f.
[3] Wagner hat darauf aufmerksam gemacht, daß vornehmlich vor
1848 „der Gedanke an einen wachsenden öffentlichen, namentlich staatlichen Finanzbedarf . . . . . . der Praxis wie der Theorie noch fern lag."
Fin. III, 1, S. 235. Die Anleihen waren deshalb Verwaltungsanleihen,
die möglichst rasch getilgt wurden. Bleich II, S. 15. Der Zustand
hing mit dem ungelösten Verfassungsversprechen aufs engste zusammen. Vgl. Schmoller. S. 221 f. Held, S. 261.

Nach § 4 der Verordnung über die Bildung des Vereinigten Landtags vom 3. Februar 1847 sollten Staatsanleihen,
„für welche das gesamte Vermögen des Staates zur Sicherheit bestellt wird", nur unter Zuziehung und Mitgarantie des
Landtages aufgenommen werden können. Dies Recht wurde
jedoch sofort beschränkt, wenn es in den folgenden Paragraphen hieß: die Mitwirkung des Landtages kann im Kriegs-
falle durch die Deputation für das Staatsschuldenwesen ersetzt werden [1].

Hier greifen wir an den wundesten Punkt der ganzen
Gesetzgebung: die Schichtung getrennt fungierender, mit zum
Teil gleichen Rechten ausgestatteter ständischer Organisationen.
Neben den Provinziallandtagen die ständischen Ausschüsse,
neben diesen der Vereinigte Landtag und die Deputation für
das Staatsschuldenwesen: ein künstliches Gebilde, das in d e m
Augenblick auseinander brechen mußte, wo man versuchen
würde, es in Bewegung zu setzen.

In ähnlicher Weise wie das Anleiherecht war das Steuerbewilligungsrecht begründet: die Einführung neuer Steuern,
die Erhöhung bestehender Steuersätze von der Zustimmung
des Landtags abhängig gemacht (§ 9); in Kriegszeiten jedoch
das Recht der Erhebung außerordentlicher Abgaben der
Krone reserviert (§ 10). War schon diese Beschränkung eine
durchaus willkürliche, deren Begründung — die durch die außerordentliche Lage bedingte Schnelligkeit der Entschlüsse — beträchtlich an Gehalt verlor, wenn man auf die stetig wachsende
Ausdehnung des Eisenbahnnetzes, die zunehmende Schnelligkeit des Reisens hinwies, so mußte es allenthalben ver-
stimmen, wenn den Ständen im Budgetrecht das Korrelat der
Steuerbewilligung vorenthalten wurde.

Hiermit kommen wir auf unseren Ausgangspunkt zurück.
Durch das Budgetrecht wird das Recht der Anleihe- und
Steuerbewilligung erst sichergestellt, die Regierung an will-
kürlicher Steigerung der Ausgaben, für die eine nachträgliche
Bewilligung der Volksrepräsentanten erzwungen werden
könnte, gehindert. Das Moment der Willkür schaltet bei
regelmäßiger Kontrolle aus: die beiden Rechte erhalten ihre
konstitutionelle Abrundung. Das ist auch von den Konservativen auf dem Vereinigten Landtage keineswegs übersehen worden [2]. Für die Beurteilung des Landtags gehört die
Ablehnung der Einkommensteuervorlage in eine Linie mit
der Verweigerung der Ostbahnanleihe und der Gründung von
Rentenbanken; inwieweit dies Bedenken auf das Verhalten
der einzelnen Parteien e i n e n b e s t i m m e n d e n E i n f l u ß
übte, diese Frage ist mit voller Sicherheit heute nicht mehr
zu beantworten.

[1] Ins Leben gerufen durch K.O. vom 17. Jan. 1820.
[2] Vgl. Koser, a. a. O., S. 294.

In der Abgrenzung der Landtagsrechte erwähnten wir
ein Moment von allgemeiner Bedeutung, ohne dessen Wertung
wir in die Triebfedern des Verhaltens der Stände den einzelnen
Propositionen gegenüber nicht eindringen können. Der Zusammenhang mit der Einkommensteuervorlage ist dargestellt
worden; diese Verbindung, ebenso wie ganz generell die Verflechtung der Besteuerungsfrage in das konstitutionelle Problem,
wurde von den Zeitgenossen häufig unbeachtet gelassen. Sie
waren in dem Prozeß der Umbildung Preußens in einen
konstitutionellen Staat zu sehr befangen, um die Auswirkung
dieser Umbildung in die einzelnen Zweige der Gesetzgebung
und Verwaltung ganz überschauen zu können. So erwähnt
der Breslauer Professor K r i e s in einem Aufsatz über „die
Mahl- und Schlachtsteuer, die Einkommen- und Klassensteuer
in Preußen"[1] dies Moment mit keinem Worte, während er
die Schwierigkeiten materieller Natur, die dem Reformplan
entgegenstanden richtig zerlegt in die „Ordnung des Haus-
halts der mahl- und schlachtsteuerpflichtigen Städte", und
zweitens in die Frage nach „Form und Gestalt, in welcher
die Einkommensteuer erhoben werden sollte"[2].

Untersuchen wir zuerst die aus der Kommunalbesteuerung
herrührenden Bedenken. Die Frage ist nicht einfach zu beantworten, da wir über die Finanzverfassung der Städte bis
zur Mitte des 19. Jahrhunderts nur ungenügend informiert
sind. Die Grenzen, innerhalb derer die Stadtverwaltung
operieren durfte, waren gesetzlich festgelegt: so ein Maximum
von Zuschlägen zur Staatssteuer, das ohne besondere Genehmigung nicht überschritten werden durfte, Abhängigkeit von
staatlicher Zustimmung bei Einführung eigener Kommunalbesteuerung; aber ein lebendiges Bild von der Anlage und
Wirksamkeit der städtischen Abgaben, v o n d e m V e r h ä l t -
n i s d e r s t a a t l i c h e n z u r k o m m u n a l e n Besteuerung
ist bei der großen provinziellen und interlokalen Verschiedenheit nur schwer zu gewinnen.

Die wichtigsten Finanzquellen waren die Zuschläge zu
den Staatssteuern. Sie wurden auf direkte wie indirekte
Abgaben gelegt; ihre Modalitäten waren namentlich durch
die Städteordnung von 1831 genau geregelt[3]. Der Zuschlag
zur Mahl- und Schlachtsteuer sollte die allenthalben üblichen
50 % nicht überschreiten[4]. Er brachte in einer Stadt wie
Berlin in den Jahren 1844/46 524 704 Taler. Daneben bestanden an manchen Orten, besonders häufig im Rheinland

---

[1] Archiv f. polit. Ökonomie VIII, Jahrg. 1849.
[2] Tüb. Ztschr. Jahrg. 1855.
[3] Siehe das Nähere bei S c h ö n, a. a. O. S. 31.
[4] Schimmelpfennig, Die Kommunalabgaben in den Städten u.
Landgemeinden des preuß. Staates 1859, S. 28.

und in Schlesien kommunale Einkommensteuern [1]. In einigen
Städten war jedoch das Einkommensteuerprinzip höchst unvollkommen realisiert; die Abgaben waren nur dem Namen
nach Einkommensteuern, in Wirklichkeit Zwitterbildungen
zwischen Grund- und Personalsteuer. (So in einzelnen Städten
Schlesiens; ferner in Barmen und Remscheid.) Das be-
kannteste Beispiel für eine Kommunaleinkommensteuer ist
Breslau. Ich komme weiter unten im Vorbeigehen darauf
zurück.

Wenn ich hier der Untersuchung vorgreifen darf, so möchte
ich sagen: es war das Problem des Ineinandergreifens städtischer
und staatlicher Abgaben, das für das Zustandekommen der
Einkommensteuer verhängnisvoll werden sollte. Und diese
Schwierigkeit war nicht nur für den Entwurf von 1847, sondern
für die ganze Folgezeit ausschlaggebend.

Der Ausweg, den die Regierung 1847 ergreifen wollte,
war ein höchst primitiver. Zunächst hatte man den größeren
Kommunen (mit über 15 000 Einwohnern) schlechthin gestattet, Verbrauchssteuern zu erheben, Die Schwierigkeit lag
in der Wahl dieser Verbrauchssteuern. Eine größere Anzahl
von Konsumtionsartikeln schied von vornherein durch die
Zollvereinsverträge aus. Es boten sich bei intensiverer Durch-
leuchtung der Materie eigentlich nur diejenigen Gegenstände zur
Besteuerung dar, die bisher von der Mahl- und Schlachtsteuer
getroffen waren. Es hieß dies Bedenken nur umgehen, nicht
aus dem Wege räumen, wenn Düesberg im Staatsrat eine
Änderung der Fassung vorschlug, dahin zielend, daß teils die
Erlaubnis zur Erhebung von Verbrauchssteuern auf eine
geringere Anzahl von Städten (mit über 30 000 Einwohnern)
begrenzt und von der jedesmaligen Zustimmung des Königs
abhängig gemacht, teils weniger bestimmt auf Verbrauchsabgaben, sondern auf andere Steuern hingewiesen werde. Die Frage, was mit den „Verbrauchsabgaben“, wo doch die Mahl- und Schlachtsteuer nicht in Betracht
kam, eigentlich gemeint sein könnte, tauchte schon in der
Landtagskommission auf; die „anderen Steuern“ konnten nur
direkte sein; daß sie, entweder als selbständige Abgabe oder

---

[1] Um kurz auf die Finanzverwaltung einer Stadt hinzuweisen, wo
die Einkommensteuer bestand, zitiere ich das Beispiel Düsseldorfs.
Das Einkommen war in zwei Klassen geteilt, die mit verschiedenen,
jedoch sehr nahe beieinander liegenden Sätzen besteuert wurden; die
Grenze für die Scheidung lag bei 200 Talern. Der Ertrag war im
Durchschnitt der Jahre 1844/46 75 625 Taler bei 39 000 Einwohnern.
Die Summe reichte aus zur Deckung von $\frac{1}{3}$ der Kommunalbedürfnisse.
Daneben existierte ein Zuschlag zur Grundsteuer von 40 %, zur M.- und
Schlst. von 50 %, zur Klst. in den Landgemeinden von 40 %, zur Ge-
werbest. in den Stadt- und Landgemeinden von 25 %. In Crefeld
reichte der Ertrag der Kommunaleinkommensteuer für alle Bedürf-
nisse aus. F. M.

in der Form von Zuschlägen zur Staatseinkommensteuer, zur
Deckung des Kommunalbedarfs ausreichen könnten, wurde
von den Vertretern der größeren Städte (z. B. Berlins) aufs
entschiedenste verneint. Eine Überbürdung der wohlhabenden
Klasse wäre die Folge gewesen, und die Magistrate fürchteten
nicht mit Unrecht, daß dadurch die Begüterten vertrieben
worden wären [1].

Das zweite Motiv, das Kries für die Ablehnung der
Vorlagen anführt, war die „Form und Gestalt", in der die
Einkommenbesteuerung realisiert werden sollte. Dies Bedenken
war maßgebend für die große Masse der Abgeordneten, die
teilweise noch den mißglückten Versuch vom Jahre 1812 mit-
erlebt hatten und in den Werken J. G. Hoffmanns, so
schätzbar sie gerade durch die Fülle geistvoll ineinander ver-
webter Einzelbeobachtungen sein mochten, das Ende aller
finanzwissenschaftlichen Weisheit zu sehen vermeinten.

Es war die mit der Einkommensteuer verbundene Selbstdeklaration, und das Eindringen in die Vermögensverhältnisse,
über die sich die größere Hälfte der Landtagsmitglieder nicht
hinwegsetzen konnte. Ich zitiere einige Stellen aus den
Debatten im Wortlaut, um die verschiedenen Nüancen des
Widerspruchs in dieser Beziehung kenntlich zu machen: „Wenn
man der Mahl- und Schlachtsteuer den Vorwurf macht, daß
sie die unteren Klassen zur Defraudation verleite und demo-
ralisiere, so kann dem neuen Gesetz der Vorwurf gemacht
werden, daß es die höheren Klassen in Versuchung führe"

---

[1] In Königsberg z. B. wäre die Steuerquote einzelner reicher Einwohner von 500 auf 1000—1500 Taler emporgeschnellt. Aus der
Debatte vgl. Bleich, III, 1584, 1598, 1607, 1614; IV, 1674.
Es ist nicht uninteressant, daß wir im Archiv des Finanzministeriums
(Eink.St. Gen. IV vol. 3) eine Denkschrift von einem der ersten Finanz-
wissenschaftler jener Jahre besitzen, von Kries, die, allerdings einem
etwas späteren Zeitraum angehörend, eine Berechnung darüber enthält,
welche Beträge bei Aufhebung der Mahl- und Schlachtsteuer und des
auf diese Abgabe basierten Kommunalzuschlags durch direkte, vorwiegend das Kapital belastende Steuern aufzubringen wären. Die Unterlage seiner Berechnung bilden statistische Mitteilungen aus dem Breslauer
Stadtarchiv. Dort existierte, wie erwähnt, eine Einkommensteuer für ein
Einkommen von 100 Talern an mit mäßiger Progression von 1—3%, zu der
eine Art von Armenzuschlag erhoben wurde. Der Ertrag belief sich 1847
auf 211 250 Taler. Daneben bestand eine Grund- und Haussteuer (seit
1847 von 5%); Ertrag: fast 88 000 Taler. An Mahl- und Schlachtsteuer
brachten die Jahre 1844/46 rund 277 000 Taler. Bei Abschaffung der
Mahl- und Schlst. hätte also das Aufkommen der Personalst. verdoppelt
werden müssen, was zu unmöglichen Konsequenzen geführt haben
würde. Analog lagen die Verhältnisse in Berlin. Hier wären zur Aufbringung der Kommunalbedürfnisse auf direktem Wege 1849 Zuschläge
zur künftigen Einkommensteuer in der Höhe von 160—200% nötig gewesen, wozu der Staat „schon im Interesse seiner eigenen Einnahmen
unter keinen Umständen die Genehmigung erteilen konnte" (Finanzrat
Bitter in einem Promemoria vom 22. August 1849 F. M. Eink.St. Gen.
IV Vol. 3). Dazu bestand in Berlin noch eine Mietssteuer von $6\frac{2}{3}$%.

(Abg. B a u m , Rheinpr.). „Die Einkommensteuer entschleiert
mit rücksichtsloser Zudringlichkeit die Familienverhältnisse,
sie verleitet bei der Erhebung den Besteuerten zu unredlichen
Fassionen; sie gibt endlich Veranlassung, daß neidische
Exemplifikationen auf Mitbesteuerte und hämische Denunzia-
tionen verewigt werden" (Abg. S t ö p e l, Brandenb.). „Endlich ist eine Einkommensteuer . . . hauptsächlich dazu geeignet,
eine temporäre Maßregel abzugeben" (Graf G n e i s e n a u ,
Sachsen). Die Beispiele ließen sich beliebig vermehren. —
Solche Angriffe mögen uns heute als ungerechtfertigt erscheinen.
In den Erhebungsmodalitäten des Entwurfs von 1847 lag nichts
eigentlich „Vexatorisches"; sie waren notwendig, um der Einkommensteuer richtige Resultate zu sichern. Wo mit dem
Prinzip der Einkommensteuer Ernst gemacht wird, hat man
sie stets auf Selbstdeklaration, auf eine möglichst genaue Er-
fassung der zu versteuernden Einkünfte gestellt. Zur Ent-
schuldigung müssen wir anführen, daß dieser Gedanke nicht
nur den Mitgliedern des ersten Vereinigten Landtags ferngelegen hat. In Holland waren über der Einführung einer
auf Selbstdeklaration basierten Einkommensteuer zwölf Ministerien zu Fall gekommen; in England, wo von einem Eindringen in Privatverhältnisse doch garnicht die Rede sein
konnte, begann sich der Widerspruch gegen die Einkommensteuer zu mehren; die französische Kammer wies im November
1849, nach dem Ausscheiden des reformfreudigen P a s s y aus
dem Ministerium, eine ziemlich weitgehende Vorlage mit
großer Majorität zurück. Auch die Theorie nahm eine ab-
wartende Haltung ein.
    In der „Gegenwart", einer liberalen wissenschaftlichen
Zeitschrift erschien 1849 ein Aufsatz, in dem zwar die These
aufgestellt wurde, „die objektive Steuer in eine subjektive
überzuführen, also dieselbe direkt nach dem personalen Einkommen oder der Steuerkraft zu veranlagen"; die Lösung
dieser Aufgabe aber erschien dem anonymen Verfasser doch
als unmöglich. Die Opfer, die man dadurch der Besteuerung
bringe, seien zu große; der Staat würde dabei nicht auf seine
Rechnung kommen. Denn nur in einzelnen Fällen, „wo
Bildung, Sittlichkeit, politischer Sinn und Wohlstand des
Volkes bedeutend gestiegen, die Steuerbedürfnisse selbst aber
gering sind, kann es möglich werden, auch in einem größeren
Staate ohne bedeutende Nachteile eine Einkommensteuer auf
b l o ß e F a s s i o n zu gründen."
    Wenn wir von den radikalen Gegnern der Einkommen-
steuer wie M a c C u l l o c h absehen, so stoßen wir auch noch
in den fünfziger und sechziger Jahren oft bei den feinsten
Geistern, die sich mit Steuerproblemen beschäftigen, auf eine
ähnliche Skepsis: ob sich eine vom G e s a m t e i n k o m m e n
ausgehende, auf Selbstangabe der Steuernden beruhende Ein-

kommensteuer in die Praxis umsetzen lasse. Erwin Nasse
rühmte in einem Aufsatz von 1854 von der englischen Einkommensteuer, deren wahren Charakter wir in einer systema-
tischen Zusammenfassung verschiedener Ertragssteuern erkannt
haben, es ließen sich wohl kaum „Anordnungen treffen, die
zu einer genaueren Ermittelung des steuerpflichtigen Einkommens führen würden" [1]. Einen ähnlichen Standpunkt
vertrat der schon mehrfach erwähnte Nationalökonom G. Kries.
Noch 1872 zog Ad. Held eine einfache Übertragung der
englischen Einkommensteuer auf Preußen in ernsthafte Erwägung, wobei er allerdings eine ganze Reihe von Modifikationen, die sich aus den anders gearteten preußischen Verhältnissen rechtfertigen würden, anzubringen für richtig hielt [2].
Diese Andeutungen mögen genügen, um die scharfe Ver-
urteilung, die der theoretisch so modern gefaßte Entwurf
innerhalb des Vereinigten Landtags fand, in einem anderen
Lichte erscheinen zu lassen.

Ich möchte an dieser Stelle die bisherigen Resultate unserer
Untersuchung noch einmal übersichtlich vor Augen führen.
Der erste Abschnitt hat die objektive Notwendigkeit einer
Steuerreform aus dem Wesen der Klassensteuer und der
Mahl- und Schlachtabgabe dargetan. Dieser Einsicht konnte
sich auch die Regierung von 1847 nicht völlig verschließen; die treibenden Momente der Reform waren jedoch
ganz wesentlich politischer Natur. Der König suchte nach
einem Hebel, um sein Verfassungswerk in Bewegung zu setzen.
Der Staatsrat hielt es für angemessen, in der Besteuerungsfrage der Regierung die Initiative zu reservieren, gleichzeitig
jedoch die Verantwortung einer so einschneidenden Maßnahme
den Ständen zuzuschieben. Die Regierung hat mit ihren Ideen
und Vorschlägen — nicht nur in der Besteuerungsfrage, auch
in der Frage der Landrentenbanken und der Ostbahnanleihe,
ihren wichtigsten Propositionen — Fiasko gemacht [3]. Der
Haltung des Landtages lag ein Komplex von Argumenten zu
Grunde, die wir nach ihren objektiven, in allgemeinen Zeit-
verhältnissen ruhenden Bestandteilen und ihrem mehr ephemeren,
durch die mehr oder minder große Reformfreudigkeit der
einzelnen Parteien bedingten Gehalt geschieden haben. Wir
kommen zu dem Schluß, daß die Einkommensteuer von 1847

---

[1] Tüb. Zeitschr. 1854, S. 72.
[2] S. 204 ff.
[3] Für die Stimmung in den leitenden Kreisen ist die resignierte
Bemerkung charakteristisch, die am 10. Juni Leopold von Gerlach, einer der Intimsten des Königs, in sein Tagebuch eintrug: „Die
Eisenbahnproposition ist ebenfalls abgeschlagen worden, ebenso werden
die Juden- und Einkommensteuerpropositionen abgeschlagen werden.
Was nun?"

in der vorgeschlagenen Form eine Unmöglichkeit war; man
mag diese Tatsache bedauern. Ähnlich gute Entwürfe haben
den Kammern der folgenden Jahre nicht vorgelegen. Trotz
verschiedener Reformanläufe haben sich die Schäden des veralteten Systems bis zum Jahre 1873 und in den Anfang der
neunziger Jahre mit fortgeschleppt.

Der folgende Teil der Untersuchung enthält der Hauptsache nach eine Skizze des Verlaufs der Ereignisse bis 1851 und
eine kritische Würdigung der in diesem Jahre inaugurierten
Gesetzgebung, die wir als einen „Übergangszustand" bezeichnen
konnten. Bevor wir jedoch mit der geschichtlichen Erzählung
beginnen, müssen wir uns darüber klar werden, welche Ab-
wandlungen unser Problem durch den Übergang Preußens
zum Konstitutionalismus erleiden mußte.

III.

Die Geschichte der Personalbesteuerung bis zum Gesetz vom 1. Mai 1851.

A. Der Übergang zum Konstitutionalismus. Folgen für unser Problem.

Die Revolutionswelle, die 1848 den europäischen Kontinent überflutete, hat auch in Preußen eine Unmenge veralteter Bildungen mit fortgeschwemmt. Die Erhebung endete mit einem Siege des Königtums. Aber der Sieg war nicht derart, daß er es der Monarchie gestattet hätte, in die Bahnen des absoluten Regimes zurückzulenken. Vielmehr wurde er errungen um den Preis einer radikalen Neubildung des gesamten Staatswesens auf konstitutioneller Grundlage.

Der Konstitutionalismus kam für Preußen nicht vollkommen überraschend. Auch im Rahmen dieser Arbeit konnten wir verschiedenartige Momente aufweisen, die das neue System vorbereiteten; sie waren zumeist ideeller Natur. Sie durchsetzten den gesamten Umkreis des politischen Denkens; ohne ihre jahrelange Einwirkung wäre es wohl nicht zu den elementaren Ereignissen vom März 1848 gekommen.

Der Umschwung fand die Geister vorbereitet. Es hatte sich in den Köpfen ein Idealbild des modernen Verfassungsstaates geformt, das, so verschiedenartige Züge es auch tragen mochte: ob an französisch-belgischen oder englischen Verhältnissen orientiert, ob aus republikanischer oder monarchischer Denkart erwachsen, mit aller Energie an dem Neubau des Staates teilnehmen wollte. Nur der König hielt mit zäher Rückständigkeit an den veralteten Formen seiner ständischen Schöpfungen fest [1].

Und doch hatten sogar jene ständischen Institutionen durch die Art, wie man sich ihrer bedient hatte, konstitutionelle Prägung erhalten. Schon die Provinziallandtage waren mit

---

[1] Meinecke, Weltbürgertum und Nationalstaat, S. 395 f.

ihren Forderungen, wenigstens im Westen der Monarchie, aus dem Kreis des absoluten Staates herausgetreten[1]. Die Zeit der ständischen Vertretungen war eben vorüber; der soziale und wirtschaftliche Zuschnitt Preußens, Bildung und Weltanschauung, waren im Sinne einer Umbildung zu modernen Verfassungsformen wirksam.

Es wurde dargelegt, inwiefern diese Behauptung auf den ersten Vereinigten Landtag zutrifft; wie seine Kompetenz in bezug auf Finanz- und Steuerfragen bei richtiger Anwendung die Versammlung auf die Dauer in eine konstitutionelle, allerdings in eine ständisch-konstitutionelle, überführt hätte. Das Steuerbewilligungsrecht des Landtags hatte zwar erhebliche Einschränkungen erfahren; das Budgetrecht blieb als ausschließliches Recht der Krone den Ständen vorenthalten; prinzipiell war dennoch von nun an die Regierung in der Neueinführung von Steuern, in der Erhöhung einmal festgelegter Sätze, an die Zustimmung der ständischen Repräsentation gebunden. Nur in der Verwaltung und Erhebung von Zöllen und indirekten Abgaben, soweit sie „Gegenstand einer Übereinkunft mit anderen Staaten" bildeten, behielt die Regierung auch fürderhin freie Hand. Ganz allgemein lag das Charakteristische bei der Kompetenzabgrenzung des Landtags darin, daß die Mitarbeit der Stände an den Finanzmanipulationen des Staates und der Steuergesetzgebung hier zum ersten Male vom König legitimiert worden war. Dies Recht war in anderer Form schon in den grundlegenden, später oft wiederholten Verheißungen der Verordnung vom Mai 1815 enthalten. Die Nichteinlösung des Verfassungsversprechens hatte es bisher nicht praktisch werden lassen; zugleich die ängstliche, allerdings solide Finanzpolitik zwischen 1820 und 1847 verursacht.

Man darf ruhig behaupten, daß die gesamte Kritik, die sich in diesem Zeitabschnitt mit der Regierung und ihren Maßnahmen befaßte, an konstitutionellen Idealen orientiert war. Der Eintritt Bodelschwinghs und Savignys in das Ministerium (1842) wurde getadelt, weil der „christlichgermanische Staat dadurch um zwei Stützen vermehrt würde". Die Zusammenberufung der ständischen Ausschüsse deutete man in einem für die Regierung günstigen Sinne: denn daraus lasse sich die Absicht des Königs erkennen, den Einfluß des Volkes auf seine Entschließungen zu verstärken. Der neue Entwurf eines Strafgesetzbuches wurde in Posen, Preußen und der Rheinprovinz wegen seines „rigorosen, frömmelnden" Charakters abgelehnt. Das Februarpatent von 1847 rief in weiten Kreisen des Volkes, besonders in Schlesien und am Rhein, bittere Enttäuschung hervor. Der unzeitgemäße um-

---

[1] Vgl. eine Übersicht über ihre Tätigkeit in der Gegenwart, Jahrg. 1849, Bd. II, S. 30 ff.

ständliche Wahlmodus wurde bemängelt[1], und der zweideutige
Charakter einzelner Bestimmungen angegriffen, von denen die
eine aufhob, was die andere zugestanden hatte.

Trotz der im ganzen intransigenten Haltung der regierenden
Kreise, hatten diese schon vor 1848 dem Druck der Zeit-
strömungen in einzelnen Punkten weichen müssen. Manche
Institutionen aus älterer Zeit hatten sich fast unmerklich um-
gebildet und einen mehr verfassungsmäßigen Charakter angenommen. Hierhin gehörte der 1820 eingeführte Staatshaushaltsetat.

Schon im Jahre 1829 hatte der Finanzminister v. Motz
Erläuterungen zum Etat publiziert, die jedoch in ihrer ge-
drängten Kürze nur ein ungefähres Bild von dem Stande der
Staatsfinanzen geben konnten. Zu den Etats von 1832, 1835,
1838 und 1841 wurden keine Erläuterungen bekannt gemacht.
Erst den im Jahre 1841 versammelten Provinziallandtagen
lagen Mitteilungen über den Staatshaushalt vor, aus denen
sich manches Interessante, wie z. B. die ungünstige finanzielle
Lage zwischen 1821 und 1826 ersehen ließ, die jedoch zu
einer gründlichen Information der Stände keineswegs aus-
reichten. Nicht mit Unrecht sprach der brandenburgische
Landtag in seinem Gutachten von den von seinem Standpunkte
aus nicht gehörig zu übersehenden finanziellen und sonstigen
Verhältnissen des Staates. Den im Jahre 1842 versammelten
ständischen Ausschüssen ging lediglich eine Denkschrift zu,
die sich mit dem 1841 verheissenen Steuererlaß und der Be-
förderung der Eisenbahnverbindungen unter Beihilfe aus Staats-
mitteln befaßte. Erst 1844 ging man bei der Aufstellung des
publizierten Etats mehr ins Einzelne; bei einigen Einnahme-
zweigen wurden die ermittelten Brutto-Erträge ebenso wie die
Betriebs- und Erhebungskosten vor der Linie kenntlich gemacht,
und dadurch die in der Linie ausgeworfenen Überschüsse nachgewiesen; damit war der Übergang von Netto- zum Bruttoetat
eingeleitet[2].

Der Etat von 1847 brachte noch detailliertere Angaben
über die Gestehungskosten und verschiedene Einnahmequellen
und legte zugleich über die Verwendung der Restbestände
vor dem Landtage Rechenschaft ab[3]; kurzum es wurde mit
der methodischen Verfälschung der Etats ein Ende gemacht,
die zu „Kühnes Verzweiflung"[4] bisher den Provinzialständen
zur Information über die Finanzlage des Staates gedient hatte[5].

---

[1] Vgl. Hansen, Mevissen, Bd. II, S. 201 ff.
[2] Vgl. Bergius, Preußische Zustände, 1844. S. 50 f.
[3] Bleich, Bd. I, S. 165 ff.
[4] Treitschke V, S. 144.
[5] Über den Zusammenhang der Verfassungs- und Finanzfrage vgl.
eine Bemerkung Schmollers in seinem Jahrb. Bd. 33, S. 50; vgl.
ferner ebenda Band 34, S. 428.

Endgültig mußte das Verhältnis der Krone zur Volksvertretung in bezug auf die Finanzgewalt durch die Verfassungsurkunde geregelt werden. Die Entstehung der Urkunde
aus den Märzversprechungen, den Beschlüssen der Verfassungs-
kommission der Preußischen National-Versammlung und den
abschließenden Beratungen innerhalb des Ministeriums B r a n d e n -
b u r g, kann uns hier nicht interessieren. Ebensowenig können
wir auf ihr Verhältnis zu den Nachbarländern eingehen. Uns
beschäftigen ausschließlich die Bestimmungen über das Budget-
und Steuerbewilligungsrecht: also die Artikel 98, 99 und 108,
die sich auf diese Fragen beziehen [1].

Die Art. 98 und 99 waren der belgischen Verfassung von
1831 entnommen. Artikel 108 entstammte dem C a m p -
h a u s e n s c h e n Verfassungsentwurf vom 20. Mai 1848. Er
war von da aus unverändert in den Entwurf der Verfassungs-
kommission der Nationalversammlung und endlich in den Text
der oktroyierten Verfassung übergegangen. Das Unterscheidende
war nur, daß er hier — ohne daß eine bestimmte Absicht [2]
der Regierungsvertreter nachzuweisen wäre — unter die a l l -
g e m e i n e n Bestimmungen geraten war, während er früher
den Charakter einer Ü b e r g a n g s b e s t i m m u n g gehabt hatte,
deren Wirksamkeit nach Vereinbarung über das Budgetgesetz
von selbst erlöschen sollte [3].

Die Finanzgewalt wurde vom König unter Teilnahme der
Kammern geübt [4]. Den Rechtstitel für die Erhebung neuer
Steuern und Abgaben bildete der jährlich von den Kammern
zu genehmigende Staatshaushaltsetat oder ein besonderes Finanz-
gesetz [5]. Das Steuerbewilligungsrecht war also auf der einen

---

[1] Art. 99, 100 u. 109 der rev. Verf. v. 31. 1. 1850. Vgl. Rönne 1,
4. Aufl., bes. §§ 114—116 und 121, und Hdwb. d. Staatsw. Bd. III,
S. 315 f. (Jellinek). Sie lauten:
    Alle Einnahmen und Ausgaben des Staates müssen für jedes
Jahr im Voraus veranschlagt und auf den Staatshaushalts - Etat gebracht werden. Letzterer wird jährlich durch ein Gesetz festgestellt.
    Steuern und Abgaben für die Staatskasse dürfen nur, soweit
sie in den Staatshaushaltetat aufgenommen oder durch besondere
Gesetze angeordnet sind, erhoben werden.
    Die bestehenden Steuern und Abgaben werden forterhoben,
und alle Bestimmungen der bestehenden Gesetzbücher, einzelnen Gesetze und Verordnungen, welche der gegenwärtigen Verfassung
nicht zuwiderlaufen, bleiben in Kraft, bis sie durch ein Gesetz abgeändert werden.
    [2] Der Artikel war im C a m p h a u s e n schen Entwurf gar nicht
aufgefallen und erregte erst später den heftigen Widerspruch der
II. Kammer. Preuß. Jahrb. Bd. 125, S. 207.
    [3] Rönne, I, 4. Aufl., S. 658 f.
    [4] Eine Konsequenz aus Art. 60.
    [5] Zusammengenommen bildeten die Artikel 98 u. 99 eine E i n -
h e i t. Die Ansicht J o r d a n ' s (Friedrich Wilhelm IV. und der
preußische Adel bei Umwandlung der ersten Kammer in das Herren-
haus, 1850—1854), der sie zueinander in Gegensatz bringt, ist m. E.

Seite an das Budgetrecht angeschlossen; andererseits konnte
es sich auch auf einen speziellen Akt der Gesetzgebung
konzentrieren. Zu den Bestimmungen der Art. 98 und 99 stand
der Artikel 108 in unlöslichem Widerspruch. Nach ihm sollten
einmal bestehende Steuern und Abgaben forterhoben werden,
bis man sie durch ein neues Gesetz abändern würde. Dadurch
erhielt das Steuerbewilligungsrecht der Volksvertretung eine
empfindliche Lücke. Es wurde t a t s ä c h l i c h eingeschränkt
auf die Mitwirkung bei Einführung n e u e r Steuern und der
Erhöhung b e s t e h e n d e r Sätze, während der einmal existierende
Abgabenfonds als solcher ihrer Einflußsphäre entzogen war.

Der Kampf gegen den Artikel 108 ist in der Folge mit
besonderer Lebhaftigkeit von liberaler Seite geführt worden.
Die gemäßigten Parteimitglieder verlangten zum wenigsten die
Einfügung eines Zeitpunkts, an dem die bestehenden Steuern
formell erneuert werden sollten [1]; sie erklärten sich dafür ihrer-
seits zu Konzessionen in bezug auf die Bildung der ersten
Kammer bereit. Das Ministerium riet zum Einlenken; der
König hingegen hielt hartnäckig an dem § 108 fest.

Die beiden Kammern haben sich späterhin über die Neufassung des strittigen Artikels nicht einigen können; so wurde
er in unveränderter Form in die revidierte Verfassung vom
31. Januar 1850 aufgenommen.

In diesen knappen Ausführungen, die lediglich die konstitutionellen Rechte der Kammern und die Stellung der Regierung
in bezug auf die Finanz- und Steuergesetzgebung näher defi-
nieren sollten, haben wir die Grundlage für die folgende Darstellung gewonnen: Art und Einfluß der gesetzbildenden Faktoren, in deren Händen die Fortentwicklung des Einkommen-
steuerproblems lag.

Damit erhalten wir zugleich die Quellen für unsere weitere
Darstellung; auf der einen Seite sind es Entwürfe, Denkschriften und Gutachten der Regierung, soweit sie sich im
Archiv des Finanzministeriums ermitteln ließen, auf der anderen
die stenographischen Berichte der Kammern. Daneben wäre
noch ein dritter Faktor zu werten: die „öffentliche Meinung“,
die nach 1848 durch die Presse, durch Broschüren und Eingaben in das Räderwerk des Staatsmechanismus erfolgreich
eingriff.

Mit der soeben geschilderten Neuordnung der Finanzgewalt im Sinne einer gesetzbildenden Mitwirkung der Volksvertretung, namentlich der zweiten Kammer, ist die Auswirkung

unhaltbar. Die Bestimmung des § 99, wonach auch „besondere Gesetze“ den Rechtstitel für eine Steuererhebung abgeben durften, diente
ausschließlich dazu, die erste Kammer, die den Staatshaushaltsetat nur
en bloc akzeptieren oder ablehnen durfte, in ihrem Einfluß auf die
Finanzgesetzgebung zu stärken.
   [1] Jordan a. a. O. S. 105.

des Konstitutionalismus auf unser Problem nicht erschöpft.
Eine selbstverständliche, leicht zu verwirklichende Konsequenz
ergab sich aus dem Artikel 100: „Inbetreff der Steuern können
Bevorzugungen nicht eingeführt werden. Die bestehende
Steuergesetzgebung wird einer Revision unterworfen und dabei
jede Bevorzugung abgeschafft."

Eximiert waren von der direkten Steuerpflicht nach den
immer noch zu Recht bestehenden Bestimmungen von 1820
die Standesherren, das Militär, dessen Einbeziehung in den
Kreis einer Einkommensteuer schon 1847 ernstlich erwogen
und vom Könige bejaht worden war, ferner die Pfarrer, Schullehrer und Hebammen. Mit diesem Vorrecht mußte nun ge-
brochen werden. Es lag dies auch im Interesse der Exi-
mierten selber, sobald erst mit dem Dreiklassenwahlrecht die
politische Kompetenz des Einzelnen an seine Fähigkeit, Steuern
zu zahlen, geknüpft war. Ein entsprechender Gesetzentwurf
ging den Kammern Ende Oktober 1849 zu. Man motivierte
ihn mit der Verzögerung, die bis zu einer endgültigen Steuerreform durch Beratung und Vorbereitung der Vorlagen wahrscheinlich eintreten werde, mit der Notwendigkeit, die aus der
oktroyierten Verfassung zu ziehenden Folgerungen so rasch
wie möglich in die Praxis zu überführen. In der zweiten
Kammer wurde die Regierungsvorlage ohne weiteres angenommen[1]. Bedenken hatten sich eigentlich nur wegen der
Steuerpflicht der Volksschullehrer erhoben, deren an sich schon
geringes Gehalt man schonen zu müssen glaubte; sie waren
aber schließlich durch den Abgeordneten S t i e h l zerstreut
worden; es dürfte zwischen den Lehrern und dem Volke keine
Scheidewand, auch nicht die eines Vorrechts stehen[2]. Auch
die erste Kammer machte keine Schwierigkeiten[3]; die Verfassung wäre einmal vom Könige gegeben; die Aufhebung der
Exemtionen nichts weiter als die Realisierung eines Grund-
satzes, dessen prinzipielle Anerkennung in der Verfassungsurkunde enthalten sei[4].

---

[1] Sten. Ber. d. 2. K. S. 950 ff.

[2] Dies Gefühl wurde im Volke geteilt. Schon Anfang August
1849 hieß es in einer Eingabe der Pfarrer der Diözese Seebach: „Daneben stand es uns klar vor Augen, daß unsere amtliche Wirksamkeit
nur bedeutend gewinnen kann, wenn das wegfällt, was uns im Bewußtsein des Volkes eine feindliche Stellung gibt in einer Zeit, wo die
materiellen Interessen Anspruch auf absolute Herrschaft machen, nämlich unsere Freiheit von den direkten Steuern usw". F. M.

[3] Sten. Ber. d. 1. K. S. 1706 ff.

[4] Allerdings interpretierte G e r l a c h den Art. 100 höchst charakteristisch so, als ob von nun an nicht etwa völlige Steuergleichheit
eintreten, sondern vielmehr in Zukunft keine andere Bevorzugung mehr
gelten sollte als die, für welche sich „Gründe" anführen ließen.

So wurde das Gesetz „wegen Aufhebung der Klassen-
steuer-Befreiungen" am 7. Dezember 1849 vom Könige vollzogen.

Auf die finanzielle Wirkung der Maßregel wollen wir mit
einigen Worten eingehen[1]. In den Motiven die dem Entwurfe
beigegeben waren, rechnete die Regierung mit einem Mehr-
ertrag von 131 136 Talern. Diese Erwartung wurde schon
durch die Einschätzung für das Jahr 1850 weit übertroffen.
Die Veranlagung der Standesherren brachte mehr als das
Doppelte, die der Offiziere und Militärbeamten fast das Doppelte
der angenommenen Beträge; im ganzen rechnete man in der
Veranlagung für 1850 auf 200 460$\frac{1}{2}$ Taler[2]. Wie notwendig es
schon aus sozialpolitischen Rücksichten war, mit den Exemtionen ein Ende zu machen, ergibt eine lehrreiche Berechnung
Diete ric is, nach der von allen nunmehr zur Steuer heran-
gezogenen Standesherrn 75,68 % in die erste Klasse rangierten,
mit anderen Worten über ein Einkommen von 1200—7200
Taler verfügten. Diese im vollsten Umfang Steuerfähigen
waren bisher übergangen worden. Bei der Heranziehung der
Volksschullehrer war man klug genug, jede fiskalische Härte
zu vermeiden; von über 32 000 Pflichtigen ließ man rund 15%
überhaupt unbesteuert.

Auch für das kommunale Finanzwesen konnte die Überleitung Preußens in das konstitutionelle System nicht ohne
Folgen bleiben. Noch ganz unter dem Eindruck des Revolutions-
jahres stand die Gemeindeordnung von 1850; sie bildete einen
Ausbau der Grundsätze, wie sie im Artikel 104 der oktroyierten
Verfassung niedergelegt waren — von Gedanken also, die der
„auf dem beweglichen Kapitalbesitz beruhende Liberalismus"
1848 zu allgemeiner Anerkennung gebracht hatte[3]. Für unsere
Darstellung, die ausschließlich die wichtigsten Konsequenzen
für das Besteuerungswesen darzustellen versucht, wie sie sich
aus der Verfassungsurkunde und den damit im Zusammenhange stehenden Verordnungen ergaben, ist hier nur ein
Moment von Bedeutung: Mit der Umdeutung der Bürger-
gemeinde in eine Einwohnergemeinde kamen vorübergehend
die Bürgerrechtsgelder in Wegfall[4]. Ebenso machte die Aufhebung des Instituts der „Schutzverwandten" Modifikationen
in der Veranlagung der Einkommensteuer, wo man sich ihrer
bediente, notwendig.

Die Schutzverwandten waren bisher niedriger besteuert
worden; in Breslau z. B. war der niedrigste Steuersatz der
Bürger um $\frac{1}{2}$ % höher als der der Schutzverwandten.

---

[1] Dietericis Mitteil. 1850, S. 232 ff.
[2] Die klassensteuerpflichtige Bevölkerung stieg um 31 623 Köpfe.
[3] Schön a. a. O. S. 35 f.
[4] Schön S. 253 Anm. 1.

Endlich ergab sich aus dem Artikel 22 der Verfassung[1]
der Ausfall des bisher an die Kommunen entrichteten Schul-
geldes[2].

Im Ganzen genommen erhielt das Steuerproblem von der
politischen Seite her eine neue einzigartige Bedeutung. Es
wurde dadurch mit einem Schlage eine der zentralen Fragen
des konstitutionellen Preußen. Der Grund hierfür lag in der
Änderung, die das Wahlgesetz für die zweite Kammer im Laufe
des Jahres 1849 erfuhr: Die politische Kompetenz der Staatsbürger sollte nämlich durch eine möglichst exakte Einkommensteuer definiert werden.

Das eigentümliche Verhältnis, nach dem in Preußen die
politischen Rechte nach dem Zensus abgestuft werden, reicht
in seiner Entstehung und Ausbildung in die Revolutionszeit
zurück. In der oktroyierten Verfassung war es noch nicht
vorhanden. Vielmehr war für die zweite Kammer zunächst
noch das indirekte[3], allgemeine und gleiche Wahlrecht maßgebend. Das oktroyierte Wahlgesetz vom 6. Dezember 1848,
nach dessen Bestimmungen die zweite Kammer gebildet wurde,
war überhaupt zunächst nichts anderes als eine Kopie des
Wahlgesetzes für die preußische Nationalversammlung, wie es
aus den Beratungen des Ministeriums C a m p h a u s e n und den
Verhandlungen des zweiten Vereinigten Landtags hervorgegangen war[4].

Das preußische Dreiklassenwahlrecht nun geht auf eine
königliche Verordnung vom 30. Mai 1849 zurück. Auf den
Zusammenhang mit dem schwebenden Steuerproblem müssen
wir hier näher eingehen; vorher sollen jedoch einige historische
Bemerkungen die Genesis der für die Mehrheit des Volkes
unerwartet gekommenen Verordnung veranschaulichen.

In der Verfassung vom 5. Dezember 1848 bildete der
Artikel 67 die Grundlage für das aktive Wahlrecht zur zweiten
Kammer. Das allgemeine Stimmrecht wurde endgültig erst
in den Beratungen vom 2. oder 3. Dezember in die Ver-
fassungsurkunde aufgenommen; gleichzeitig der Beschluß zur
Oktroyierung gefaßt[5]. Es sollte danach jeder „selbständige"
Preuße das Recht haben, bei den Urwahlen zur zweiten

---

[1] Die entscheidende Stelle lautet: „In der öffentlichen Volksschule
wird der Unterricht unentgeltlich erteilt."
[2] Vgl. hierzu Friboes, Zur Steuerfrage, Bresl. Ztg. 1849 Nr. 219/220.
(Ein Sonderabzug im Archiv des Finanzministeriums.)
[3] Selbst der radikale Teil der Demokratie ging damals noch nicht
weiter. Vgl. M ä h l, Die Überleitung Preußens in das konstitutionelle
System usw. S. 184 f.
[4] Über die einzige Modifikation vgl. Preuß. Jahrb. Bd. 125, S. 205.
[5] Vgl. Seitz, Entstehung und Entwicklung der preußischen Verfassungsurkunde, S. 146.

Kammer mitzuwählen [1]. Schon im Ministerkonseil war Manteuffel, der seit der Novemberkrisis Minister des Innern
war, für einen anderen Wahlmodus eingetreten [2]. Vielleicht
ging es auf seine Initiative zurück, daß ein dem König am
23. November unterbreiteter Entwurf tatsächlich die Census-
wahl enthielt [3]. Seinem Einfluß war aller Wahrscheinlichkeit
nach die Zusatzbestimmung zu Art. 67 zu danken, die „eine
Einteilung nach bestimmten Klassen" in Aussicht stellte.

Auch der König und die kleine, aber mächtige Partei
der Kreuzzeitung waren mit dem bestehenden Wahlmodus in
keiner Weise einverstanden. Ihre Ideale lagen jedoch in
anderer Richtung als die des Ministers; sie strebten nach
einer gleichmäßigen Vertretung der Interessen einer jeden
Gesellschaftsklasse [4]. Und wo konnten diese Interessen gleich-
mäßiger und gerechter zur Geltung gebracht werden, als in
dem ständisch organisierten Staate. „Bei einem neuen Wahlgesetze müßte auf die Stände zurückgegangen werden", schrieb
Leopold von Gerlach [5] und er fügte auch ein kurzes Schema
bei, wie er sich ein solches Wahlverfahren dachte:

1. Trennung von Stadt und Land.

2. Trennung in der Stadt von Vollbürgern und Schutzverwandten.

3. Trennung auf dem Lande in große Güter, wo der Besitzer nicht selbst wirtschaftet — Spannhaltende Güter —
   kleine Leute und Tagelöhner·"

Je nach dem Stande, dem der einzelne angehört, wählt er
direkt oder indirekt. „Das ergäbe ein Wahlgesetz auf den
breitesten Grundlagen und ganz in den mechanisch-konstitutio-
nellen Prinzipien, aber mit den Keimen ständischer
Restauration."

Vorläufig lag die Verwirklichung solcher Ideengänge noch
in weiter Ferne. Selbst der Versuch Hansemanns, eine
nachträgliche Deklaration zu veranlassen, nach der nur dem-
jenigen das Prädikat „selbständig" zuerkannt werden sollte,
der über ein niedrig bemessenes Einkommen verfüge oder

---

[1] Der Art. 67 lautet vollständig: Jeder selbständige Preuße,
welcher das 24. Lebensjahr vollendet, nicht den Vollbesitz der bürgerlichen Rechte infolge rechtskräftigen richterlichen Erkenntnisses verloren hat, ist in der Gemeinde, worin er seit sechs Monaten seinen
Wohnsitz oder Aufenthalt hat, stimmberechtigter Urwähler, insofern er
nicht aus öffentlichen Mitteln Armenunterstützung erhält.
[2] Vgl. Ferdinand Fischer, Preußen am Abschlusse des 19. Jahrhunderts, 1876, S. 263. Fischers wertvolle Darstellung wurde in der
folgenden Übersicht benutzt.
[3] Vgl. Seitz a. a. O. S. 145.
[4] Jordan a. a. O. S. 61.
[5] Denkwürdigkeiten, Bd. I, S. 281.

irgend welchen Grundbesitz habe, scheiterte an dem Widerstande des Ministerpräsidenten Brandenburg[1].

Es ist wahrscheinlich, daß zwischen dem Könige und der Kreuzzeitungspartei auf der einen, dem Ministerium auf der anderen Seite auch in bezug auf die Wahlrechtsfrage den ganzen Winter über eine gewisse Spannung bestanden hat. Die maßgebenden Mitglieder des Ministeriums, namentlich Manteuffel, waren Anhänger des Census[2]. Friedrich Wilhelm mochte sich von der Güte eines auf ständischen Prinzipien beruhenden Wahlmodus nicht bekehren lassen, konnte sich jedoch nicht verhehlen, daß bei der gegenwärtigen Lage das Dreiklassenwahlrecht der einzig mögliche Ausweg sei[3].

Zudem ist dieser Wahlmodus ganz danach angetan, eine ständische Gliederung innerhalb des Volkes zu befördern, wenn diese auch, aus der Steuereinschätzung resultierend, als etwas Sekundäres und Künstliches auftritt. Das Dreiklassenwahlrecht ist seiner inneren Struktur nach nichts anderes als ein Kompromiß zwischen dem mittelalterlichen Ständestaat und einer modernen, auch in ihren politischen Rechten auf die Einkommensverteilung basierten Gesellschaft, die hier in eine eigentümliche Abhängigkeit voneinander geraten.

Am 26. Februar trat die zweite Kammer auf Grund des gleichzeitig mit der oktroyierten Verfassung erlassenen Wahlgesetzes zusammen. Ihre Zusammensetzung war, trotz der lebhaften Agitation, die die demokratischen Wahlvereine entfaltet hatten, von vornherein für die Regierung keine ungünstige. Erst nach Sprengung des rechten Flügels erhielten die unruhigen Elemente die Überhand; es kam zu einigen unliebsamen Entschlüssen: wie Aufhebung des Belagerungszustandes und zu Differenzen mit dem König über die Annahme der deutschen Kaiserkrone.

Um bei dem Vorgehen in der deutschen Frage freie Hand zu haben, wurde die Kammer am 27. April von der Regierung aufgelöst. Die Frage war, was nun geschehen sollte. Das bisherige Wahlgesetz, so meinte man, habe seinen Zweck erreicht, denn es sei nur deshalb erlassen worden, um die Verfassung dem Volke annehmbar zu machen. Zur Ausarbeitung eines neuen blieb nur eine kurze Spanne Zeit, denn nach Artikel 49 mußten die Kammern 60 Tage nach ihrer Auflösung wieder zusammentreten.

---

[1] Bergengrün, Hansemann S. 581 f.
[2] So verstehe ich auch den Brief Hansemanns vom 13. Dezember 1848 an den Prinzen von Preußen; vgl. Manteuffels Denkwürdigkeiten (hrsg. v. Poschinger) Bd. 1, S. 67.
[3] Vgl. hierzu Gerlachs Denkwürdigkeiten: Manteuffel wies auf die große Wirkung des Census hin, und dieselbe ist auch bei einer Lage, wie die unsrige jetzt ist, nicht zu verkennen.

Manteuffel berief deshalb eine Konferenz zusammen, die sich aus rechtsstehenden Mitgliedern der ersten und zweiten Kammer zusammensetzte. Die Notwendigkeit einer Änderung wurde allseitig anerkannt[1]. Der neue aus den Beratungen mit Hannover und Sachsen hervorgegangene Wahlgesetzentwurf zum deutschen Volkshause, der von einer Scheidung sämtlicher Wähler nach Verhältnis der direkten Steuern in drei Klassen ausging, bestärkte die Minister in ihrem Entschlusse, es mit demselben System auch in Preußen zu versuchen. Unter dem 30. Mai wurde das neue Wahlgesetz auf dem Notverordnungswege erlassen. Ein gleichzeitig veröffentlichter Bericht des Staatsministeriums an den König (vom 29. Mai datiert) enthielt die Rechtfertigung des Vorgehens der Regierung.

Man unterschied von nun an drei Klassen von Urwählern, die nach Maßnahme der zu entrichtenden direkten Staatssteuern (Klassen-, Grund- und Gewerbesteuer) konstituiert werden sollten. Wo keine Klassensteuer erhoben wurde, trat die nach Verordnung vom 4. April 1848 anstatt der indirekten eingeführte direkte Staatsabgabe an ihre Stelle. Wo weder die eine noch die andere bestand, sollte die direkte Kommunalsteuer, und, wo auch diese nicht existierte, eine fingierte Einschätzung nach den Grundsätzen der Klassensteuerveranlagung der politischen Kompetenz der Censiten zur Unterlage dienen (§ 10 u. 11)[2].

Es ist wohl selbstverständlich, daß dieser ungefüge und unübersichtliche Einschätzungsapparat, der zu seiner Durchführung Fiktionen zur Hilfe nehmen mußte, nur als ein provisorischer bis zur endgültigen Regelung des direkten Steuerwesens in Kraft bleiben sollte. Von ministerieller Seite wurde ganz offen ausgesprochen, es sei ein besonderes Verdienst des neuen Wahlgesetzes, daß es die bedeutenden Mängel des bisherigen Abgabenwesens in ihrem ganzen Umfange aufdecke, sie dem einzelnen nachdrücklich zum Bewußtsein bringe und so zu einer endlichen gerechten Regelung des Steuerwesens unwiderstehlich hintreibe[3].

Ein Teil der Ungerechtigkeiten ergab sich aus dem Wahlgesetz selber. So war bei seiner Anwendung die Benachteiligung der „so wichtigen Interessen der größeren Städte" unvermeidlich. Um auf die individuellen Verhältnisse eines jeden Ortes und einer jeden Gemeinde gebührend Rücksicht nehmen zu können, hatte man nämlich bei Bildung der

---

[1] Vgl. Hansemann, Das preußische und deutsche Verfassungswerk, 1850, S. 171.
[2] Zahlenmäßig bedeutete das neue Wahlrecht wegen einzelner das allgemeine Stimmrecht einschränkenden Bestimmungen eine Verminderung der Urwähler zur 2. Kammer von 3 661 993 auf 3 255 703. Vgl. Dietericis Mitteil. 1849, S. 17, und 1850, S. 84 f.
[3] Deutsche Reform Nr. 355.

einzelnen Wahlabteilungen keinen festen für das ganze Land
geltenden Steuersatz zum Ausgangspunkt genommen; sondern
das jeweilige Steuerquantum der Gemeinden oder des aus
mehreren Gemeinden zusammengesetzten Wahlbezirkes diente
zur Unterlage für ihre Bildung[1]. Auf jede Wählerabteilung
entfiel ein Drittel der Gesamtsumme; die höchsten Steuerbeträge bis zum Belaufe des ersten ·Drittels formierten die
erste Klasse usf. Die Folge war, daß bei einer Stadt von
40 000 Einwohnern etwa 60 Reichstaler direkte Steuern für
die erste Wahlabteilung erforderlich waren, während auf dem
Lande und in den kleineren Städten schon 16 Taler dafür
genügten.

Eine andere Anomalie ergab sich aus der Kombination
des Wahlgesetzes mit dem bestehenden Steuerwesen. Der
Bauer und kleine Handwerker, der noch zum Teil von seinem
Tagelohn lebte, gelangte bei einem Einkommen von 300 Talern
mit einem Steuersatz von 8 Talern (Klassen- und Grund-
resp. Gewerbesteuer) meist in die zweite Wählerabteilung,
während sämtliche Beamte bis zu einem Gehalte von 600 Talern
hinauf noch nicht 8 Taler Klassensteuer zahlten und der dritten
Abteilung anheimfielen. Dazu kam eine veraltete, ungleich-
mäßig und meist schlecht angelegte Grundsteuer oder vielmehr
ein Konglomerat verschiedenartigster Grundbelastungen, die,
in den einzelnen Provinzen verschieden, entweder eine Erinnerung an die vorpreußische Herrschaft darstellten oder auf
eine der einschneidenden Reformen des 18. Jahrhunderts zu-
rückgingen; auch die Napoleonische Zeit hatte in einigen
Landesteilen unverwischte Spuren hinterlassen. Die Gewerbesteuer war durch die Reform von 1820 im allgemeinen zu tief
normiert; eine Gebäudesteuer existierte überhaupt nicht.

In dieser Sachlage war die politische Bedeutung gegeben,
die das Problem der direkten Besteuerung im ganzen, und
hier in erster Linie die Einkommensteuerfrage, durch die
Oktroyierung des Wahlgesetzes erhalten mußte: die Regierung brauchte eine Steuerreform bei der Durchführung der
Wahlen zur zweiten Kammer. Die Vorbedingung, die eines
der wichtigsten Organe im Staate zum Funktionieren bringen
sollte, war so gut wie nicht vorhanden und mußte in der
Folgezeit erst geschaffen werden. Die Steuerreform rückte
bei dem weiteren Ausbau der Konstitution an eine der ersten
Stellen. Deshalb, so ließ die Regierung durch die deutsche
Reform verkünden, sei es die Pflicht eines jeden wahrhaft
K o n s t i t u t i o n e l l e n, über die Organisation der Verwaltung
und die R e g e l u n g d e r S t e u e r v e r h ä l t n i s s e ernstlich
nachzudenken, sie zu besprechen und andere dafür anzuregen[2].

---

[1] Bericht des Staatsministeriums an den König, Deutsche Reform
Nr. 315.
[2] Deutsche Reform Nr. 357.

Das Einkommensteuerproblem hatte die Regierung den ganzen Winter über beschäftigt. Man darf schon hieraus, abgesehen von anderen Zeugnissen, den Schluß ziehen, daß auch die Neuordnung des Wahlrechts seit langem vorbereitet war, und nur ein günstiger Termin zur Publizierung abgewartet wurde. Jedenfalls hielt man auch den Einkommensteuerentwurf nicht länger zurück. Ungefähr einen Monat später wurde er der öffentlichen Diskussion unterbreitet. Eine prinzipielle Würdigung dieser ungemein weitgehenden Vorlage soll erst der folgende Abschnitt versuchen.

Wie wurde nun das neue Wahlgesetz und der etwas gewaltsame Akt, der es ins Leben geführt hatte, in weiteren Kreisen des Volkes beurteilt? Man muß sich die Frage in diesem Zusammenhange vorlegen und sie wenigstens teilweise zu beantworten versuchen; sie lenkt unsere Betrachtung unmittelbar in das von so verschiedenartigen Wünschen und Strebungen erfüllte Parteileben der Zeit.

Das Recht zur Proklamierung eines Wahlgesetzes ließ sich ohne Zwang aus der Verfassungsurkunde nicht herleiten. Nach Auslegung der Regierung lag es vielmehr tiefer; es berührte sich mit den Wurzeln des wahrhaft konstitutionellen Staates. Staat und Demokratie waren in den Augen der Regierung Gegensätze, die einander unbedingt ausschlossen. Das Wahlgesetz vom 6. Dezember erhob sich seiner Herkunft wie seinem Inhalte nach auf demokratischem Grunde. Unter dieser Annahme mußte es von selbst fortfallen, sobald sich die echt konstitutionellen Grundsätze Bahn brachen. Das neue Wahlgesetz brachte erst die Konstitution[1]. Diese Ideengänge der Regierung wurden natürlich nur von einer kleinen Minderheit im Volke voll akzeptiert. Der rechte Flügel der Konservativen unterließ es nicht, sich in längeren historischen Ausführungen gegen den Zensus zu wenden[2]; in ziemlich allgemein gehaltenen Wendungen sprach man von einer Gliederung aller Gemeindeangehörigen nach ihren „wirklichen Interessen", aus der durch Wahl die „eigentlich politische Gemeinde und das Wahlkollegium hervorgehen solle"[3]. Der vormärzliche Liberalismus war mit dem Dreiklassenwahlrecht im ganzen einverstanden, mißbilligte aber den Weg, den die Regierung eingeschlagen hatte. Überhaupt war die Haltung der Bourgeoisie widerspruchsvoll genug. Die „Kölnische Zeitung" richtete heftige Angriffe gegen das Ministerium; bald darauf erkannte sie jedoch an, daß der Verfassungsbruch „notwendig" gewesen sei[4]. Man hat den

---

[1] Vgl. Deutsche Reform Nr. 320.
[2] Vgl. Kreuzzeitung Nr. 160, 161 und 162.
[3] Ebenda Nr. 164.
[4] Fischer a. a. O. S. 265. — S. 277 wendet F. sich ausdrücklich gegen Konstantin Rößler, der die Behauptung aufstelle, daß keine

Eindruck, als ob mehr eine Form gewahrt werden sollte, aus
der der Gehalt an konstitutioneller Gesinnung schon lange ge-
wichen war.

Durchaus feindlich stand dem neuen Wahlmodus eigent-
lich nur die Demokratie gegenüber, die radikal-republikanische
ebensowohl wie die gemäßigt-konstitutionelle [1]. —
Eigentlich hätte in erster Linie das liberale Bürgertum
Grund gehabt, mit dieser Wendung der Dinge, und ganz besonders mit dem Eifer, den die Regierung bei Förderung der
Einkommensteuerfrage an den Tag legte, zufrieden zu sein.
Es war am Ziel seiner Wünsche angelangt. Das Bestreben,
die Verfassung von Stadt und Land, ebensowohl wie die
Rechte des Einzelnen innerhalb des öffentlichen Verbandes
auf den Kapitalbesitz zu gründen, war ihm von vornherein
eigentümlich. Höchst charakteristisch ist in dieser Beziehung,
daß zunächst in der Rheinprovinz, der Hochburg liberaler,
aus dem Westen importierter Staatstheorien, eine Gemeindeordnung unter Zugrundelegung des Dreiklassenwahlrechts eingeführt wurde, die sich an die dort bestehende Gesetzgebung
anlehnte [2]. Hansemann hatte schon 1830 in einer Denkschrift die Regierung aufgefordert, bei Einführung einer Konstitution, die politischen Rechte von einem Minimalsteuersatze
abhängig zu machen, der etwa so zu normieren wäre, „daß
nach demselben durchschnittlich im ganzen Reiche auf
höchstens 250 und mindestens 200 Seelen ein Wähler käme [3].
Der Versuch, nach dem Erlaß des provisorischen Wahlgesetzes
vom 6. Dezember das Ministerium zu veranlassen, den Begriff der Selbständigkeit einzuschränken und diese an einen
Mindestbesitz von Kapital oder Grund und Boden zu knüpfen,
wurde schon erwähnt. Bei den Beratungen über das neue
Wahlgesetz sprach Hansemann sich dahin aus, daß unter
den gegebenen Verhältnissen die Dreiklassenwahl das „ge-
eignetste Auskunftsmittel sei" [4]. Man könnte mithin in seinen
Anschauungen eine Entwicklung aufweisen, die ihn von der
einfachen Forderung, die Rechte im Staate an ein Mindestmaß
von Besitz zu knüpfen, hinführte zu dem komplizierten System
des entsprechend der Steuerkraft abgestuften politischen Einflusses, wie es sich im Dreiklassenwahlrecht darstellt. Doch
Hansemann war klug und konsequent genug, den anti-
konstitutionellen Charakter dieses Wahlmodus, der in der
übermäßigen Bevorzugung „der großen Besitzer und der Re-

Partei der Verordnung vom 30. Mai 1848 etwas Gutes nachzusagen
habe, und niemand mit der Wahlverordnung zufrieden sei."
    [1] Vgl. z. B. Nationalzeitung Nr. 143.
    [2] Vom 23. Juli 1845, vgl. Schön a. a. O. S. 34.
    [3] Ein verkürzter Abdruck der Denkschrift in dem schon zitierten
Buche Hansemanns, Das Preußische und Deutsche Verfassungswerk.
    [4] Das Preußische und Deutsche Verfassungswerk S. 72.

gierung" gegeben wäre, anzuerkennen; er schätzte das Dreiklassenwahlrecht als eine v o r ü b e r g e h e n d e Maßnahme, der
vor allem die Eigenschaft innewohne, als Gegengewicht gegen
„ultrademokratische Grundsätze" zu dienen [1].

Daß die rheinische Bourgeoisie sich im übrigen nicht ge-
scheut hatte, das neue Wahlgesetz trotz der verhaßten Oktroyierung aus den Händen des Ministeriums entgegenzunehmen,
haben wir bereits gehört [2].

Man wird die Revolution von 1848 im ganzen richtig be-
urteilen, wenn man ihr bedeutsamstes Resultat in einem Siege
des Kapitalismus über den Grundbesitz erblickt [3]. Nirgendwo
würde sich dieser Sieg deutlicher dokumentiert haben als in
der Einführung einer Staatseinkommensteuer mit der aus-
drücklichen Absicht, daß sie den Träger abgeben sollte für
die politischen Rechte des Staatsbürgers. Für die Stellung
des Liberalismus auf dem ersten Vereinigten Landtage waren
andere Momente maßgebend gewesen. Sofern sie gegen die
Einkommensteuer gesprochen hatten, waren sie durch die Revolution hinweggeräumt worden oder im Schwinden begriffen.
Das wesentlichste Motiv für eine Reform: das soziale war geblieben und hätte durch eine richtige Bewertung des Gedankens, wie sehr unter den obwaltenden Verhältnissen ein
rationell durchgebildetes Steuersystem den Sieg der liberalen
Bourgeoisie vervollkommnen würde, ergänzt werden können.
Dabei wurde dies revolutionierende Element der Einkommensteuer nicht etwa völlig verkannt [4]. Umso schwerer ist es,
die Ablehnung der Einkommensteuer vonseiten des Bürgertums zu verstehen. Sie verleiht seiner Haltung jenen un-
logischen Charakter, der es ihm möglich machte, das Dreiklassenwahlrecht zu akzeptieren und gleichzeitig der Re-

[1] Ebenda S. 305.
[2] Fischer bezeugt es eigens a. a. O. S. 265.
[3] Vgl. eine sich mit dieser Behauptung ungefähr deckende Bemerkung R a n k e s, Weltgeschichte Bd. 9, S. 158.
[4] Ich zitiere nur eine Eingabe von liberaler Seite an das Finanzministerium. die m. E. die Intention des Liberalismus, kapitalistische
Momente zur Basis politischer Rechte zu machen, besonders scharf her-
vortreten läßt. Der konstitutionelle Verein Kempen schrieb unter dem
12. April 1849, also vor der Oktroyierung des Dreiklassenwahlrechts:
„ . . . Allein abgesehen von diesen finanziellen Rücksichten scheint
uns auch aus höheren politischen Beweggründen die möglichst be-
schleunigte Einführung einer Einkommensteuer für den ganzen Staat
von dem größtem Interesse zu sein. Die fast einstimmige Meinung
aller vorurteilsfreien . . . Männer spricht sich dahin aus, daß das jetzige
Wahlgesetz für die zweite Kammer nicht ohne die schädlichsten Folgen
für das Gemeinwohl beibehalten werden könne . . . Zu welcher Ab-
änderung man sich nun aber entschließen wolle, ob zur Einführung
eines mäßigen Zensus, oder ob man . . . den höher besteuerten Klassen
eine größere Stimmberechtigung einräumen wolle, immer wird eine a l l -
g e m e i n e E i n k o m m e n s t e u e r die r i c h t i g e G r u n d l a g e zu einem
passenden Wahlgesetze abgeben. F. M.

gierung die Mittel zu verweigern, mit denen allein es befriedigend hätte durchgeführt werden können. Der Liberalismus hat sich eben in dem Revolutionsjahre erschöpft. Innerhalb der besser situierten Bürgerkreise war ein Stimmungs-
wechsel vor sich gegangen. Man verlangte nicht mehr nach
Reformen, sondern nach Ruhe, um den Geschäften des Tages
nachgehen, den drohenden wirtschaftlichen Ruin abwenden
zu können. Die Mächte der Tiefe, die sich mit der Revolution an die Oberfläche gedrängt hatten, hatte man kennen
und fürchten gelernt. Man schreckte zurück vor dem revolutionären Prinzip der Einkommensteuer, wie es namentlich
durch die französischen Sozialisten (Proudhon) in sie hinein-
gelegt, in Preußen von einzelnen Utopisten unterstrichen
wurde. Die Kreuzzeitung konnte höhnend berichten: „Wunder-
bar! wenn andere $^1/_8$ bis $^1/_2$ ihrer wohlerworbenen Einkünfte
opfern sollen aus keinem anderen Grunde, als um den Schlund
der Revolution zu schließen, so findet die Bourgeoisie das
vollkommen in der Ordnung; soll sie einen Bruchteil ihres
Einkommens opfern, um die Bedürfnisse des Vaterlandes zu
decken, so schreit sie über Beraubung[1].“

So war die zweite Kammer bei dem Fehlen aller demokratischen Elemente, die sich, unzufrieden mit der Oktroyierung,
der Wahl gänzlich enthalten hatten, gemäßigt, wenig reform-
freudig; die erste hingegen erfüllt von einem reaktionären
Geiste, wie er nur noch in den fünfziger Jahren überboten
werden sollte.

Es sind mithin zwei Momente, aus denen wir die Geschichte
der Einkommensteuerentwürfe in den folgenden Jahren bis
1851 verstehen müssen: aus dem Streben der Regierung nach
einem einheitlichen direkten Besteuerungssystem[2], das das
Wahlgeschäft erleichtern sollte, und der soeben angedeuteten
Stimmung der Kammern. In diesem Gegensatz haben wir
den wichtigsten Träger für die weitere Entwicklung gewonnen.

B. Die historische Entwicklung zwischen 1847 und 1849. Schicksal des Entwurfs vom 21. September 1849.

Die historische Darstellung der Einkommensbesteuerung
bis 1851, die der vorige Abschnitt unterbrechen mußte, um
in der Schilderung der Neugestaltung des Staatswesens, in der
Charakteristik der Volksvertretung und der durch die Oktroyierung des Wahlgesetzes bedingten künftigen Stellung der Regierung die neue Basis zu gewinnen, von der aus unser Problem

---

[1] 1850 Nr. 42.
[2] Vgl. auch Drucksachen d. 2. K. 1849, Nr. 40, S. 6.

der direkten Besteuerung verstanden sein will, muß an die
Ablehnung des Einkommensteuerentwurfes durch den ersten
Vereinigten Landtag anknüpfen.

Es handelt sich zunächst darum, den Standpunkt der
Regierung zu präzisieren: Wenn sie den Mißerfolg des Jahres
1847 dem Vereinigten Landtage zur Last legte, so hatte sie
darin jedenfalls nicht vollkommen Unrecht; die gebildeten
Elemente im Volke dachten kaum anders[1]. Eine weitere Frage
ist, ob es von vornherein in ihrer Absicht gelegen hat, die
Pläne zur Reformierung des direkten Steuerwesens in der
Folgezeit wieder aufzunehmen. Eine schlüssige Antwort ist
hierauf wohl kaum zu geben. Die revolutionären Ereignisse
haben der Regierung Pläne und Entscheidungen aufgedrängt,
die von ihrem ursprünglichen Wege weit entfernt lagen. Für
das Jahr 1847 selber lassen sich keine weiteren Entwürfe oder
Erwägungen innerhalb der leitenden Kreise aufweisen. Erst
mit der Revolution, dem rasch hintereinander folgenden Sturze
der Ministerien Bodelschwingh und Arnim (18. und
28. März 1848), und der Konstituierung eines liberalen Kabinetts
unter dem Vorsitz Camphausens, drängte ganz naturgemäß
die Reform der direkten Besteuerung wieder in den Vordergrund.

Die Verordnung Hansemanns vom 4. April 1848, die
es den Städten freistellte, die Mahlsteuer durch eine direkte
Steuer, möglichst eine Einkommensteuer[2], zu ersetzen, war
allerdings nichts anders als eine ziemlich belanglose Halbheit.
Das Soll-Aufkommen der Steuer bildete ein festes Kontingent,
dessen Betrag zwei Dritteln des im Durchschnitt der Jahre
1844, 1845 und 1846 erzielten Rohertrages der Mahlsteuer
gleichkam. Nach konservativer Ansicht war die Maßnahme
nichts anders, als eine „captatio benevolentiae" für den die
größeren Städte beherrschenden „Zeitgeist"[3]; eine Bestimmung,
die weniger auf eine Vervollkommnung des Systems als auf
eine Augenblickswirkung: Beruhigung der erregten Volksmassen abzielte[4].

---

[1] Kries schrieb damals im politischen Archiv (Bd. VIII, S. 180):
Die Presse nicht nur in Preußen, sondern auch in dem übrigen Deutsch-
land verfehlte nicht, ihre Unzufriedenheit darüber (gemeint ist die Ablehnung der Reformvorschläge) auszusprechen und zu erklären, daß der
Landtag den Wünschen und Forderungen der öffentlichen Meinung
nicht entsprochen habe.

[2] Vgl. auch das Regulativ vom 24. April 1848.

[3] Bismarck auf dem 2. Vereinigten Landtag. Vhdl. herausg. v.
E. Bleich 1848.

[4] Hansemann ist in seiner Tätigkeit als Finanzminister von
seinem Biographen Bergengrün doch wohl überschätzt worden. Daß
die Idee des Darlehnskassengesetzes nicht auf ihn, sondern auf den
schlesischen Kaufmann Milde zurückzuführen ist, hat Mähl dargetan (a. a. O. S. 2 3 f). Die Geschäfte sind noch bis zum 1. März 1849
wesentlich unter der Leitung Kühnes geführt worden.

Die folgenden Monate hingegen waren mit ernstlichen Reformprojekten angefüllt. Über ihr Werden, ebenso wie über ihren Inhalt sind wir leider nur ungenügend unterrichtet. Protokolle von Ministerkonseils sind im Archiv des Finanzministeriums nur mehr spärlich vertreten; wo sie sich vorfinden, enthalten sie keine ausführlichen Sitzungsberichte, sondern höchstens die Namen der Anwesenden, den Gegenstand der Beratung und eine kurz motivierte Entschließung.

Wir entnehmen den Quellen, daß jedenfalls am 1. November 1848 der fertige Entwurf eines Einkommensteuergesetzes vorlag [1]. Der Entwurf sollte der preußischen Nationalversammlung zugehen; eine Vorbesprechung mit den einflußreichsten und zugleich gemäßigteren Mitgliedern [2] war auf den Nachmittag des 1. November festgesetzt. Zu einer Beratung in der Finanzkommission und im Plenum ist es jedoch nicht mehr gekommen.

Am 2. November übernahm der Graf Brandenburg das Ministerpräsidium. Eine Woche später wurde die Nationalversammlung, die sich bei dem Überwiegen der radikalen Elemente durch einige gänzlich unhaltbare Beschlüsse arg kompromittiert hatte, auf Ende November vertagt und nach dem benachbarten Brandenburg verlegt.

Das Schicksal der Vorlage war jedoch damit noch nicht entschieden. Sie wurde in den Ministerialbureaus überarbeitet und kam Anfang April im Staatsministerium zur Sprache; die vorzeitige Auflösung der zweiten Kammer verhinderte abermals Debatte und Beurteilung innerhalb der Volksvertretung.

Es wurde schon dargetan, welche Bedeutung die Einkommensteuerfrage nach der Oktroyierung des Wahlgesetzes für die Regierung erhalten mußte. Die intensive Beschäftigung mit der Steuerreform schon während des Winters 1848/1849 führte zu der Vermutung, daß eine Änderung des Wahlmodus für die zweite Kammer langerhand vorbereitet war, und beide Projekte im Zusammenhang mit einander die führenden Kreise beschäftigten. Von der Absicht, durch eine Reform des direkten Steuerwesens für die Staatskasse zu profitieren, konnte wiederum keine Rede sein. Jede dahin zielende Vermutung wurde durch das ministerielle Organ ausdrücklich zurückgewiesen [3].

Zeitlich trennte die Publizierung des Wahlgesetzes und die Einkommensteuervorlage wenig mehr als ein Monat voneinander. Der Einkommensteuerentwurf wurde am 9. Juli durch den Staatsanzeiger veröffentlicht. Man verfolgte mit der frühzeitigen Publizierung die Absicht, eine allgemeine Diskussion in der Presse zu ermöglichen, danach den Entwurf

---

[1] Kühne an den landw. Verein d. Rheinpr. F. M.
[2] Auerswald, Bredt, Lensing, Harkort u. a.
[3] Vgl. Deutsche Reform Nr. 396.

zu modifizieren, um ihn später in so veränderter Fassung den Kammern vorzulegen.

Der Entwurf ging in seinen wesentlichen Teilen auf die Vorlage von 1847 zurück. Die Grenze, an der die Klassensteuer in die Einkommensteuer übergehen sollte, war auf 400 Taler festgelegt. Ursprünglich hatte man als Grenze eine niedrigere Summe angenommen; dagegen war jedoch von seiten des Kriegsministers erfolgreich opponiert worden: das Einkommen der jüngeren Offiziere vertrüge die höhere Belastung der Einkommensteuer nicht, es sei überdies in besonderem Grade schonungsbedürftig. Dasjenige, worin der neue Entwurf über den früheren hinausging, war die Einführung der Progressivsteuer; die Skala bewegte sich zwischen 3 und 5%; sie war in folgender Weise angelegt:

Die Einkommen zwischen 400 und 1000 Taler steuerten 3%
„ „ über 1000 Taler „ 3 1/2%
„ „ „ 2000 „ „ 4%
„ „ „ 4000 „ „ 4 1/2%
„ „ „ 6000 „ „ 5%.

Es verdient erwähnt zu werden, daß die Prozentsätze im Verhältnis zum Einkommen zunächst weniger hoch gegriffen waren, erst nachträglich verschärft worden sind.

Die Progressivsteuer war eine Zeitforderung. Sie hat in den Jahren 1848 und 1849 in Österreich und in verschiedenen deutschen Mittelstaaten für mehr oder minder lange Zeit Eingang gefunden [1].

Das schwierigste Problem bildete in Preußen auch diesmal die Besteuerung der Kommunen. Man ging von der zeitgemäßen Erwägung aus, daß die Klassensteuer bei der Ausbreitung des Proletariats in den größeren Städten und seinen stetig variierenden Verdienstchancen nur schwer zu veranlagen wäre. Deshalb schlug man vor, den Klassensteuerbetrag in den Städten mit über 30000 Einwohnern zu kontingentieren und zur Aufbringung des Kontingents neben der Klassensteuer Verbrauchsabgaben zuzulassen. Die Realisierung dieses Vorschlags wäre praktisch einer Doppelbelastung der schon von der direkten Steuer Betroffenen gleichgekommen; aus diesem Grunde wurde der Gedanke fallen gelassen.

Er wurde hier nur erwähnt, um zu zeigen, wie man gerade damals anfing, den sozialen Erscheinungen einen größeren Einfluß auf die Ausgestaltung des Steuersystems einzuräumen. Ein Proletariat war in Preußen zu Beginn der dreißiger Jahre gleichzeitig mit den technischen Veränderungen im Produktionsprozeß, bei steigenden Lebensmittelpreisen und gleichbleibenden

---

[1] Vgl. Neumann, Die progressive Einkommensteuer 1874, S. 134. Stein, Finanzwissenschaft II (2) S. 422.

Löhnen, entstanden. Die Jahre 1845—1847 hatten auf sein
Anwachsen, besonders auf dem platten Lande, unheilvoll eingewirkt. So war durch die Notwendigkeit, dieser Unterschicht
des Volkes, die sich nur schwer durch eine Klassensteuer
treffen ließ, die Verbrauchsabgaben als passendsten Besteuerungs-
modus zu belassen, neben die noch ungelöste Frage des Ineinandergreifens staatlicher und kommunaler Besteuerung ein
anderes Hindernis getreten, das die direkte Besteuerungsform
gegenüber der indirekten als weniger empfehlenswert erscheinen ließ.

Die Aufnahme des Entwurfs in der Presse war im ganzen
eine wenig günstige. Wenn wir die wesentlichsten Ausstellungen
zusammenfassen, so lassen sich drei Momente voneinander ab-
heben: die Art und Weise der Einkommenseinschätzung, also
der Selbstdeklaration, die schon auf dem Vereinigten Landtag
eine ausschlaggebende Rolle bei Ablehnung der Regierungsvorlage gespielt habe; die mangelnde Rücksichtnahme auf die
Steuerfähigkeit des Einzelnen, die von einer Unzahl theoretisch
schwer zu fassender Faktoren bedingt werde; und endlich die
in Vorschlag gebrachte Progressivsteuer. Hierin sah man fast
allgemein den Versuch der Überführung eines kommunistisch-
sozialistischen Prinzips in die Steuergesetzgebung: einer be-
quemen Handhabe für die Regierung, durch Steigerung der
Sätze die Wohlhabenden eines Tages zu expropriieren.

Die Bourgeoisie befand sich der Regierung gegenüber in
einer unangenehmen Lage. Soeben erst hatte sie das neue
Wahlgesetz aus ihren Händen nicht ohne Befriedigung ent-
gegengenommen; nun stemmte sie sich einer rationellen Durchführung dieser allein auf den direkten Steuern aufgebauten
Wahlgesetzgebung mit aller Macht entgegen. „Mit der schädlichsten von allen Steuern bedroht uns der genannte Entwurf",
warnte die „Kölnische Zeitung"[1], deren Äußerungen wir in
dieser Zeit als einen „Reflex der Wünsche und des Strebens
der Mittelpartei"[2] ansprechen dürfen, um gleich darauf in
eigentümlicher Verwirrung steuertechnischer Begriffe von der
„bis zur progressiven Einkommensteuer gesteigerten" Vorlage
zu reden, von deren Annahme den Kammern ernstlich ab-
geraten wurde[3]. Nicht ganz so ablehnend verhielt sich das
Bürgertum in den östlichen Provinzen der Monarchie. Das
bourgeoise Organ der Provinz Schlesien die „Schlesische
Zeitung", in den vierziger Jahren ebenso liberal und fort-
schrittlich wie die Mittelpartei selber, war zwar nach den
Märzereignissen von 1848 in wesentlich konservativere Bahnen

---

[1] Nr. 195.
[2] Fischer a. a. O. S. 234/35.
[3] Noch ungerechter und übertreibender waren die Ausführungen
eines Flugblattes von W. Beer (Ein Exemplar im Archiv des F. M.)

eingelenkt, ohne jedoch dadurch die altliberalen Ideale völlig
zu verleugnen. In ihren Spalten vertrat der bekannte Finanz-
schriftsteller B e r g i u s , der 1848 sowohl wie späterhin für
eine Umgestaltung des direkten Steuerwesens eingetreten ist,
im Gegensatz zu den weitgehenden Regierungsvorschlägen den
Gedanken einer maßvollen Reform, die, an das Vorhandene
anknüpfend, das Veranlagungsschema der Klassensteuer zunächst auf zehn Stufen erweitern wollte; an die Stelle einer
Maximalgrenze, deren unsozialer Charakter wegen der damit
verbundenen Bevorzugung der ganz großen Einkommen nicht
zu verkennen war, sollten sogenannte „Supplementsbeträge"
treten, die das Klassenschema, entsprechend dem Einkommens-
zuwachs, nach oben hin gleichsam fortsetzten [1].

Die parteigeschichtlich interessanteste Frage war, wie sich
der vormärztliche Liberalismus den Regierungsplänen gegenüber verhalten würde. Sein Organ war nach der Auflösung
der zweiten Kammer die von H a n s e m a n n und seinen Freunden
begründete „Konstitutionelle Zeitung". Allerdings repräsentierte sie nur denjenigen Teil der Partei, der in der Revolution
einen Wechsel seiner Anschauungen nach der konservativen
Seite hin vollzogen hatte [2]. Sie ist deshalb für die politische
Stellungnahme des Altliberalismus als ein Zeuge von nur
mäßiger Bedeutung zu werten. Immerhin wird sie zur Charakteristik eines Teiles des intelligenteren Bürgertums beitragen
können.

Im ganzen vertrat die Konstitutionelle Zeitung nur eine
Seite des an Nüancen so reichen konservativen Konstitutionalismus. Sie war vor allem pedantisch konstitutionell, tadelte die
häufigen Oktroyierungen der Regierung, um nachher im Interesse
der „Ordnung" immer wieder in gouvernementale Bahnen ein-
zulenken. In den wichtigsten äußeren Fragen bewies sie
„Krämerpolitik"; nicht anders bei der Reform der direkten Besteuerung [3]. Nur unter e i n e r Voraussetzung, so meinte sie,
wäre die Einkommensteuer akzeptabel; dann nämlich, wenn
keine anderen Abgaben neben ihr beständen. Hierin berührte
sie sich mit Anschauungen, wie sie V i n c k e auf dem ersten
Vereinigten Landtage vorgetragen hatte. Vergeblich suchte

---

[1] Schlesische Zeitung Nr. 200.

[2] Für die Zeit, um die es sich hier handelt, ist H a n s e m a n n ,
der sich später von der konstitutionellen Zeitung trennte (Bergengrün,
Hansemann S. 628), jedenfalls noch ihr Gesinnungsgenosse und für ihre
Äußerungen mit verantworlich. Daß er dem J u l i - Entwurf gegenüber
ähnlich wie sie dachte, läßt sich aus einer Bemerkung in der Schrift
„Das Preußische und Deutsche Verfassungswerk" entnehmen: es (das
Ministerium) hat sogar ernstlich eine Einkommensteuer mit Progressiv-
sätzen nach dem darüber bekannt gemachten Gesetzentwurf beabsichtigt
und sich hierdurch zu einem Grundsatz bekannt, welcher vorzugsweise
den kommunistischen und sozialistischen Demokraten eigentümlich ist."

[3] Nr. 185 und 185.

sie für die geplante Progressivsteuer nach dem „Rechts-
prinzip". „Was kann die Ungleichheit der Besteuerung zum
Nachteil der Reichen und Reicheren beschönigen, wenn nicht
etwa die Lehre: der Vermögende kann eben mehr entbehren,
als er, nach Verhältnis seines Einkommens und nach strenger
Gerechtigkeit, zu zahlen verpflichtet wäre, und so nimmt man
für die Gesamtheit, wo bei dem einzelnen am leichtesten zu
nehmen ist." Und hieran wurde die charakteristische Bemerkung geknüpft: Wird dieser Satz zum Prinzip formuliert,
so stehen wir mit beiden Füssen auf dem Boden des Sozialismus
— eine Gedankenreihe, die in einem Blatte, das aus historisch-
philosophischen Gründen das Überlebte der Grundsteuer-
privilegien so überzeugend nachzuweisen wußte, einigermaßen
verwunderlich klang. Die Notwendigkeit einer durchgreifenden
Regulierung der Grundsteuer, die in einzelnen Landesteilen
den Charakter einer Hypothek oder einer unablösbaren Rente
eingenommen habe, stand überall im Mittelpunkte des bourgeoisen
Reformeifers. Die Regierung konnte nicht oft genug an ihre
in dem Edikt von 1810 eingegangenen Verpflichtungen gemahnt
werden.

Und doch wird man der damaligen Regierung nicht vor-
werfen können, daß sie es in diesem Punkte an Entwürfen
habe fehlen lassen. Eine Abneigung gegen notwendige Reformen darf ihr überhaupt nicht nachgesagt werden; vielmehr
könnte man eine gewisse nervöse Unsicherheit an ihr tadeln,
mit der noch nicht völlig ausgereifte Entwürfe vor die
Öffentlichkeit gebracht wurden. Auch bei der Einkommensteuerfrage ließe sich darüber streiten, ob es bei der damaligen
Lage Preußens angemessen war, Progressionen bis zu einer
Höhe von 5 % in Vorschlag zu bringen. — Den Angriffen
der Presse konnte die ministerielle Partei, die sich ebenfalls
als eine konservativ-konstitutionelle bezeichnete, wobei wohl
der Nachdruck auf dem Worte „konservativ" lag, nicht
schweigend zusehen.

Der wesentlichste Grund, mit dem sich von einem regie-
rungsfreundlichen Standpunkt aus die Steuerreform verteidigen
ließ, waren die politischen Veränderungen, denen der über-
wiegende Teil der Bevölkerung zugestimmt habe. „Überall
aber", so schrieb die „Deutsche Reform"[1], „wo politische
Rechte von Steuerentrichtung abhängig gemacht werden, muß
eine allgemeine direkte Steuerform im Lande existieren, welche
den Maßstab bildet". Daß eine solche allgemeine direkte
Steuerform in Preußen schon bestände, konnte damals niemand
behaupten. Gleichwohl bilde die direkte Steuerquote nicht
nur den Ausgangspunkt für das neu eingeführte Wahlgesetz,
sondern mache auch das provisorische Wahlgesetz für die erste

---

[1] Nr. 410.

Kammer das Wahlrecht von einem gewissen direkten Steuer-
betrage abhängig[1]. Ebenso knüpfe der Entwurf der zukünf-
tigen Gemeindeordnung das Maß der politischen Berechtigung
in der Gemeinde an den Betrag der direkten Steuern; gleichwohl fuße auch das Wahlgesetz für das Volkshaus des künftigen deutschen Bundesstaates auf der Voraussetzung einer
gleichartigen direkten Besteuerung durch das ganze Land.
Damit war gleichzeitig auch für die Verfechter eines rationell
durchgebildeten Einkommensteuersystems eine ganz andere
Position geschaffen. Der Streit war aus der Sphäre finanz-
theoretischer Diskussionen und sozialpolitischer Erwägungen
herausgerückt und auf das politische Gebiet übertragen, wo
im Interesse des Staates eine endliche Lösung nicht ausbleiben
durfte.

Nur in einem Punkte zeigte sich eine, allerdings nicht
allzuscharf unterstrichene, Meinungsverschiedenheit zwischen
der Deutschen Reform und der Vorlage des Ministeriums: in
der Frage der Progressivsteuer. Ob die deutsche Reform für
ihre Stellungnahme selber verantwortlich zu machen ist, oder
ob sie vielleicht auf eine fremde Initiative hin handelte, das
Ministerium selber in der Meinung, den demokratischen Wünschen
durch die Publizierung der Vorlage weit genug entgegen-
gekommen zu sein, auf die D u r c h f ü h r u n g dieses Gedankens
keinen Wert legte, wird sich nicht entscheiden lassen. Neben
dem landläufigen Bedenken, der Grundsatz der Progressivsteuer bedeute eine Konzession an die „rote Republik", wurde
in der Deutschen Reform darauf hingedeutet, daß „seine
Konsequenz zuletzt dahin führen könne, die niederen Klassen
der Gesellschaft direkt auf Kosten der höheren zu unterhalten."

Dem Reformentwurf, wie er Anfang Juli vorlag, stimmte
in seinem ganzen Umfange eigentlich nur eine Partei zu, deren
rechter Flügel sich durch die Ablehnung der Friedrich Wilhelm
angetragenen Kaiserkrone und durch die Auflösung der
zweiten Kammer tief verletzt fühlte und mit der die Regierung
außerdem noch in der Wahlrechtsfrage hart aneinandergekommen
war: die D e m o k r a t i e. Ihr maßgebendes Organ war die in
Berlin erscheinende „Nationalzeitung". Sie war in den Sturm-
tagen vom März 1848 gegründet worden: zunächst freisinnig,
eine Vertreterin des dritten Standes, repräsentierte sie seit der
Auflösung der Nationalversammlung und der daran anknüpfenden
Ereignisse die „Rechte des ganzen Volkes". Sie war demokratisch

---

[1] Für die erste Kammer ist jeder Preuße, welcher das 30. Lebensjahr vollendet hat und einen jährlichen Klassensteuersatz von mindestens
8 Talern zahlt oder einen Grundbesitz im Werte von mindestens
5000 Talern oder ein reines jährliches Einkommen von 500 Talern
nachweist, stimmberechtigter Urwähler in derjenigen Gemeinde, worin
er seit sechs Monaten seinen Wohnsitz oder Aufenthalt hat. Art. 2
des interimistischen Wahlgesetzes für die erste Kammer vom 6. Dez. 1848.

im besten Sinne des Wortes; unnützes und verhetzendes Partei-
gezänk hielt sie aus ihren Spalten fern. Gleich bei Publizierung des Regierungsentwurfes konnte sie triumphierend
darauf hinweisen, daß die wahrhaft demokratischen Forderungen
zu einer unabweislichen Notwendigkeit geworden wären, denen
rundweg entgegenzutreten, keine Regierung stark genug wäre[1].
Die Einkommensteuer gehöre zu dem Fonds dieser echt demokratischen Forderungen; in dem Ausbau der Progressivskala
hätte die Nationalzeitung noch mehr Strenge und Konsequenz
auf Seiten der Regierung gewünscht. Daß der linke Flügel
der Demokratie, der damals schon im Absterben befindliche
Radikalismus mit seinen republikanisch- und kommunistisch
gefärbten Idealen, noch mehr verlangte, als die Regierung zu
geben bereit war, darf nicht verwundern. In diesen Kreisen
forderte man eine Einkommensteuer von 33 und mehr Prozent
unter Ausschließung aller anderen Abgaben; hatte doch sogar
im Vorjahre ein Abgeordneter der preußischen Nationalversammlung auf eine Einkommensteuer von 20 % angetragen;
man schrieb Flugschriften, in denen eine Progressivskala in
Vorschlag gebracht wurde, die so angelegt war, daß die ersten
200 Taler Einkommen mit 1 %, die zweiten 200 Taler mit
2 % und so fort besteuert wurden. Auf diesem Wege suchte
man ein gewißes Maximum des Nettoeinkommens zu erzwingen
(in unserem Falle 9900 Taler). Der Erfolg, den man sich
von einer so angelegten Einkommensteuer versprach, war ein
entsprechender: „Jeder Unfriede", so schrieb einer ihrer Verfechter an das Finanzministerium[2], „werde beseitigt, das trübe
Gewölk, das sich zwischen Throne und Völker gelagert habe,
bis auf die letzten Atome beseitigt werden; denn das ist die
beste, das ist die einzig gute Regierungsform, unter welcher
die Armut eine Unmöglichkeit wird. Ihr wird jedes Knie sich
beugen, ihr werden und müssen Engel und Kannibalen ge-
horchen, sie ist eine wahrhaft absolute und wahrhaft freie
Regierung." — Man sieht, daß man in Preußen in der Aus-
malung des kommunistischen Idealstaates dem französischen Vor-
bilde nichts nachgab.
      Es wurde darauf hingewiesen, daß der äußerste Flügel
der Konservativen, die Kreuzzeitungspartei, in der Wahlrechtsfrage andere Wege ging als die Regierung. Darin lag für
sie natürlich kein Grund, der Regierung bei der Reform der
Einkommensteuer zu opponieren. Vielmehr konnte sie ihr,
die so notwendig eine Steuerreform für die Durchführung der
Wahlen zur zweiten Kammer brauchte, diese Konzession sehr
wohl zubilligen. So begrüßte sie die geplante Reform mit

---

[1] Nr. 215.
[2] F.M. Eink.St. Gen. IV, 2.

großer Befriedigung [1], hegte jedoch im Stillen Sonderpläne,
mit denen sie erst in einem späteren Zeitpunkt ans Licht getreten ist [2]. Mit der höheren Belastung der Wohlhabenden
erklärte sie sich durchaus einverstanden; sie wünschte noch
darüber hinaus, daß die Einkommensteuer möglichst bald durch
eine Ergänzungssteuer von mindestens 5 % von allen Renten,
Zinsen und Besoldungen ergänzt werden möchte, sofern das
Gesamteinkommen des Pflichtigen 1000 Taler übersteige. Gegen
die Aufhebung der Mahl- und Schlachtsteuer sprach sie sich
mit Entschiedenheit aus [3]; der Reichtum in den mahl- und
schlachtsteuerpflichtigen Städten solle durch eine besondere
Einkommensteuer getroffen und den davon Betroffenen eine,
dem auf ihm lastenden Steuerquantum entsprechende, Vergütung
in Abzug gebracht werden. In diesen Äußerungen des konservativen Organs erhalten wir schon die Umrisse der Gesetzgebung vom Mai 1851; die geforderte Rentensteuer sollte in
Preußen allerdings nicht zur Verwirklichung kommen.

Völlig abweisend stand die konservative Partei einer Regulierung der Grundsteuer gegenüber. Die liberale Bourgeoisie
ihrerseits sah in der Neukatastrierung die nächste und drängendste
Aufgabe der Steuergesetzgebung. Darin stimmte sie natürlich
auch mit den Demokraten aller Schattierungen überein [4].

So war die Stellung der Parteien zu den Besteuerungs-
fragen gleich in den ersten Stadien des Parteilebens in Preußen
eine mannigfach komplizierte: Konservative, Demokraten und
die konservativ-konstitutionellen Anhänger des Ministeriums
begegneten sich in ihrer Vorliebe für die Einkommensteuer;
das wurde dadurch um so leichter möglich, als alle mit dem
Worte Einkommensteuer im Grunde verschiedene Anschauungen
und Ideale verbanden; in der öffentlichen Kontroverse erhielt
der Einkommensbegriff eben damals die Vieldeutigkeit eines
politischen Schlagworts. Auf der Gegenseite stand die Mittel-
standspartei, die unter dem Eindruck der revolutionären Ereignisse mehr und mehr in eine Bourgeoisie nach französischem
Muster sich umzubilden im Begriffe war.

In der Grundsteuerfrage äußerte sich einfach die Interessen-
gruppierung von Stadt und Land, deren Lösung in letzter Linie
auf eine Machtfrage hinauslief; innerhalb des nächsten Jahr-

---

[1] Nr. 159.
[2] 1850. Vgl. Nr. 42.
[3] Vgl. auch die konservativen „Monats-Rundschauen" 1849/50.
S. 130.
[4] Merkwürdige Blüten trieb der radikale demokratische Partei-
geist, wenn er das „Eigentum" theoretisch zu gliedern suchte a) nach
„Eigentum, welches nur kommunistischer Wahnwitz anzutasten wagt",
und b) nach solchem, das einzig auf Verjährung beruht und unhaltbar wird, sobald die erhöhte Aufklärung des Volkes die Ungerechtigkeit der zugrunde liegenden Privilegien durchschaut." Damit
war natürlich das Grundeigentum gemeint.

zehnts ist sie im Sinne der ländlichen Interessen beantwortet
worden. Immerhin bleibt es bemerkenswert, daß die revo-
lutionär-fortschrittliche Maßnahme einer Einkommensteuer nach
1849 eine stärkere Stütze in der konservativen Weltanschauung
gefunden hat als in der liberalen; die Demokratie hatte für
die nächste Zeit abgewirtschaftet.

Es genügte der öffentlichen Meinung nicht, sich lediglich
der Presse als eines Ausdrucksmittels ihrer divergierenden
Ansichten zu bedienen. Mit Eingaben und Denkschriften
wandte man sich auch direkt an die Regierung. Erwähnens-
wertes ist kaum darunter; die einen wiederholten die Unsumme
ungerechter Angriffe, die sich gegen die Einkommensteuer an-
gesammelt hatten, die anderen — und hier standen die Grundbesitzer aus dem Westen und die radikalen Demokraten in
erster Reihe — jagten dem Phantom einer Einkommensteuer
als einziger Abgabe nach, neben der alle anderen Steuern
verschwinden sollten. Es war dieselbe Idee, die Vincke auf
dem ersten Vereinigten Landtage ausgesprochen hatte; deren
Wurzel die vermeintliche Grundsteuerüberbürdung in Westfalen und den Rheinlanden war. Hervorzuheben wäre vielleicht ein charakteristischer Protest des Magistrats von Berlin,
dem der Entwurf schon vor der Veröffentlichung durch den
Staatsanzeiger zur Begutachtung vorgelegt worden war (vom
29. Juni 1849). Er suchte die Unentbehrlichkeit der Zuschläge
zu den indirekten Steuern an dem Beispiel Berlins nachzuweisen; versuchte aus den an ihrer Stelle notwendig werdenden
Einkommensteuerzuschlägen, die in Berlin einer an sich schon
hoch normierten Mietssteuer zur Seite treten würden, die Gefahr der „Kapitalflucht" herzuleiten[1].

Auf die Regierung ist die ablehnende Haltung des gerade
in finanzieller Hinsicht am besten gestellten Teiles der Bevölkerung nicht ohne Einfluß geblieben. Entschloß man sich
einmal zu einer Revision des Entwurfes, so waren es in erster
Linie drei Gesichtspunkte, unter denen eine Umarbeitung vorgenommen werden mußte: Abschaffung der Progressivsteuer,
an ihrer Stelle Statuierung eines einheitlichen Steuersatzes;
Verschiebung der Grenze zwischen Klassen- und Einkommensteuer nach oben, um letztere auf einen enger begrenzten Kreis
von Staatsbürgern einzuschränken; und endlich eine durch-
greifende Neugestaltung des Deklarationsverfahrens. Die Absicht, in diesem Sinne die Vorlage umzuändern, faßte das

[1] Es hieß u. a.: Wenn Berlin nicht von allen Kapitalisten, welche
nicht gerade an Geschäft oder Gewerbe gebunden sind, entvölkert, im
Grundbesitz entwertet, im Gewerbe dem Untergange zugeführt werden
soll, so müssen die Summen, welche der Staat und die Stadt bisher erhoben haben, auch fernerhin auf eine indirekte Weise erhoben werden,
wie denn überhaupt in allen großen Städten diese Besteuerungsart die
einzige ausführbare bleiben wird.

Staatsministerium in der Sitzung vom 25. August 1849. Am folgenden Tage erhielt der Finanzminister R a b e den Auftrag, dem Entwurfe nebst seinen Motiven eine entsprechende Fassung zu geben; ungefähr einen Monat später war die Vorlage reif, dem König zur Signierung zuzugehen; unter dem 21. September wurde sie in den Drucksachen der zweiten Kammer veröffentlicht.

Bevor wir uns in die Details der Motive und der Vorlage selber vertiefen, möchte ich ganz generell diejenigen Punkte bezeichnen, in denen der Unterschied zu den bisherigen Entwürfen enthalten war. Es handelte sich dabei um die soeben angedeuteten Momente; ihre Neufassung lautete: .

1. Alles einkommensteuerpflichtige Einkommen soll ganz gleichmäßig mit dem Satze von 3% zur Steuer herangezogen werden (§ 6).

Durch die Feststellung eines einheitlichen Steuersatzes von 3% vom steuerpflichtigen Einkommen, anstatt der früher in Vorschlag gebrachten Progressivskala von $3^{1}/_{2}—5^{0}/_{0}$, würde dem Einwande einer zu hohen Belastung neben den übrigen beizubehaltenden direkten Staatssteuern vollständig begegnet[1].

2. Der Einkommensbetrag, von welchem ab die Verpflichtung zur Einkommensteuer eintritt, wird auf 1000 Taler angesetzt (§§ 2a und 3).

Von dem größeren Teil aller derjenigen Steuerzahler, die über Einkünfte von 400 bis 1000 Taler verfügten, konnte man mit Bestimmtheit annehmen, daß sie garnicht imstande seien, über ihr eigentliches Einkommen eine klare Vorstellung zu gewinnen; das galt namentlich von den meisten bäuerlichen Besitzern und kleineren Gewerbetreibenden. Ein Vorzug des neuen Entwurfs lag also darin, daß diese durch die in Anwendung zu bringenden Grundsätze und Formen der Klassensteuer einer besonderen Ermittlung ihres Einkommens enthoben wurden, wohingegen die Einkommensteuer nur eine geringe Anzahl von Personen traf und zwar vornehmlich solche, die nicht mit Nahrungssorgen zu kämpfen hatten und zugleich Bildung genug besaßen, „um sowohl die Notwendigkeit ihrer Teilnahme an dieser Steuer einzusehen, als auch über den Stand ihrer Einnahmen und Ausgaben zu einer klaren Einsicht zu gelangen"[2].

3. Es bleibt dem Ermesen eines jeden Steuerpflichtigen überlassen, ob er zur Veranlagung eine eigene Deklaration abgeben oder sich der Einschätzung durch die geordneten Behörden und Kommissionen unterwerfen will (§ 11).

„Durch diese Bestimmungen wird der Charakter der neuen

[1] Bericht R a b e s an den König. F. M.
[2] Ebenda.

Steuer sowohl ihrer Wirkung als ihrer Form nach wesentlich
gemildert"[1].

Es war also alles andere als eine radikale Umgestaltung
des direkten Steuerwesens, mit der wir es hier zu tun haben.
Daß die Klassensteuer in den Motiven ebenfalls als eine Einkommensteuer für die minder Wohlhabenden bezeichnet wurde[2],
war allerdings neu, aber ohne jede praktische Bedeutung.
Ganz allgemein war in der Motivierung des Entwurfes überall
die Absicht fühlbar, den retardierenden Tendenzen innerhalb
des besitzenden Bürgertums nach Möglichkeit entgegenzukommen;
alle Hoffnungen, die in eine Einkommensteuer als Universal-
abgabe einmündeten, und, wie wir sahen, sowohl von sozialistischer
Seite wie auch in den Kreisen der Grundbesitzer gehegt wurden,
von vornherein abzuschneiden[3].

Im Mittelpunkt stand natürlich die Erwägung, daß die
Steuerreform — nicht etwa durch eine Vermehrung der Staats-
einnahmen — sondern lediglich von dem „neu zu begründenden
Staatsorganismus" her ihre Berechtigung erhalte.

Im einzelnen fand die Regierung manches Wort zum Lobe
der Einkommensteuer; sie „beruhe auf dem anerkannt reinsten
und richtigsten Prinzip"; ihrer vollen Verwirklichung ständen
in Preußen außer der Ungunst der Zeit praktische Erwägungen
entgegen. Man habe noch keine irgendwie genügenden Erfahrungen sammeln können und wäre deshalb durchaus auf
das Vorbild Englands angewiesen, das bei der inneren Verschiedenheit beider Länder in Preußen natürlich nicht einfach
adoptiert werden könnte. Die Resultate der kommunalen Einkommensteuer wären noch nicht zu übersehen; man wisse auch
hier zu wenig Gesichertes. Bei der Veranlagung hätten sich
die einzelnen Kommunen von den verschiedensten Grundsätzen
leiten lassen: im allgemeinen den Vorteil der wohlhabenden
Einwohner zu sehr geschont. Nur in den beiden westlichen
Provinzen wäre bisher ein Bestandteil des Individualeinkommens
einwandsfrei festgestellt worden; dort existierten auf Veranlagung und Ertragsabschätzung beruhende Grundsteuerkataster;
im übrigen herrsche auch im Westen hinsichtlich des beweglichen Vermögens eine ebenso große Unklarheit wie anderswo.

Zudem bedürfe jede Steuer die Gewöhnung der Nation,
welche sie tragen, sowie der Geübtheit der Behörden und

---

[1] Bericht R a b e s an den König. F. M.
[2] Motive. Drucksachen der zweiten Kammer 1849/50, Nr. 172.
Sie liegen der folgenden Darstellung zugrunde.
[3] Übrigens wäre auch aus finanziellen Gründen an eine Abschaffung
von Grund- und Gewerbesteuer gar nicht zu denken gewesen. Erstere
figurierte noch immer mit einem Ertrage von 10 Millionen Talern im
Etat. Eine Doppelbelastung war auch bei Einführung der Einkommensteuer nicht zu befürchten; der kleine Grundbesitzer blieb von ihr überhaupt unberührt, der Großgrundbesitzer dagegen durfte den an Grundsteuer gezahlten Betrag von dem steuerpflichtigen Einkommen absetzen.

Beamten, die sie veranlagen und erheben sollten. Unregel-
mäßigkeiten würden um so schmerzlicher fühlbar, je be-
deutender die Summen wären, die bei einer falschen Steuer-
verteilung aufgebracht werden müßten. Endlich erschienen
nach den Erschütterungen der Revolutionszeit Kapital und
Großgrundbesitz noch nicht genügend gestärkt zu sein, um
größeren Staatsforderungen ohne schwere innere Schädigung
nachkommen zu können.

Aus diesem Grunde und wegen der politischen und wirtschaftlichen Unreife und Unbildung der kleinen Leute war
es verständlich, daß man vorerst bei der Kombination von
Einkommen- und Klassensteuer blieb, an der sogar der radikale Juli-Entwurf festgehalten hatte. Die Grenze für die Einkommensteuerpflicht sollte, wie angedeutet, bei 1000 Talern
liegen, diese selbst also in ihrer Kompetenz eng begrenzt sein.
Die Unbrauchbarkeit der Klassensteuer für die Heranziehung
der Wohlhabenden wurde durch folgende Argumente ein-
leuchtend nachgewiesen: mit steigenden Klassensteuersätzen
würden die Abschätzungsmerkmale immer zweifelhafter; das
Kapital könne bei einer Grenze nach oben niemals seiner
Leistungsfähigkeit entsprechend belastet werden; an die Stelle
grundsätzlicher Veranlagung trete die Willkür der Steuer-
behörden.

Ein schlagendes Beispiel hierfür bot die Klassensteuer-
einschätzung für 1849. Danach steuerten in ganz Preußen
in der ersten Hauptstufe mit dem Maximalsatz von 144 Talern
überhaupt nur 676 Familien. Diesem Steuersatze hätte bei
einer 3 % igen Einkommensteuer eine Einnahme von 4800 Tlrn.
entsprochen. Nach der Statistik ließen sich im damaligen
Preußen allein über 12 000 Rittergutsbesitzer aufweisen [1], die
über Revenuen in einer Höhe von 6000—60 000 Taler verfügten: man mag hiernach die Beträge einschätzen, die bei
dem alten System der Staatskasse verloren gingen, die Ungerechtigkeit ermessen, mit der die Klassensteuer die Fähigkeit, Abgaben zu zahlen, und die tatsächliche Steuerleistung
zueinander in Verhältnis brachte.

Die Scheidung in fundiertes und unfundiertes Einkommen,
wie sie die Vorlage von 1847 gefordert hatte, fiel diesmal
weg. Ein passender Grundsatz, nach dem die Trennung
praktisch hätte durchgeführt werden können, wäre noch nicht
gefunden [2].

Über die Einschätzungsmodalitäten bleibt noch ein Wort
zu sagen. Die Selbstdeklaration war eine fakultative geworden; wenn der Pflichtige aus irgendeinem Grunde sich
weigerte, seine Einnahmequellen zu decouvrieren, so traten

---

[1] Motive, S. 6.
[2] Motive, S. 22.

die gesetzlich geordneten Instanzen an seine Stelle. Außerdem waren die Kommissionen dazu angehalten, nur in den äußersten Fällen tiefer in die Vermögensverhältnisse des Einzelnen einzudringen. Die beiden Bestimmungen bedeuteten wertvolle Konzessionen an den besser situierten Bürgerstand, dessen Sympathien für den Entwurf zu gewinnen im wohlverstandenen Interesse der Regierung lag.

Die Klassensteuer sollte weiter ausgebaut werden; man beabsichtigte dabei das bewährte Schema der Rheinprovinz von 1829 zum Muster zu nehmen. Die Mahl- und Schlachtsteuer fiel endgültig weg. Die Schwierigkeit, die der Durchführung einer direkten, bis in die untersten Volksschichten hinabsteigenden Steuer in den Großstädten entgegenstand, wurde in den Motiven nicht verkannt; ihr gegenüber die Erleichterung für die ärmeren Klassen an einem passenden Beispiel in helles Licht gerückt.

Es wäre überflüssig, das Gutachten der Finanzkommission der zweiten Kammer und die Debatten selber[1] einer eingehenden Analyse zu unterziehen. Soweit prinzipielle Gesichtspunkte in Betracht kommen, sind sie schon im Zusammenhang gewürdigt worden. Man kam im allgemeinen in der Argumentation pro et contra nicht über die bedeutsame Diskussion innerhalb des Vereinigten Landtags von 1847 hinaus[2]. Insoweit die Debatte bezeichnende Momente für die Stellungnahme der besitzenden Klassen enthielt, bildete sie die Unterlage für unsere Charakteristik der Bourgeoisie, den Gradmesser, an dem wir ihre Haltung zur Einkommen-

---

[1] Sten.Ber. der 2. Kammer 1849/50, S. 2287 ff.

[2] Das Interessanteste, was die Diskussion zutage förderte, war eine Rede H. von Beckeraths; v. B. versuchte, den präzisen programmatischen Forderungen, die Camphausen auf dem 1. Vereinigten Landtage ausgesprochen, eine breitere geschichtsphilosophische und finanztheoretische Grundlage zu geben.
„Die Verschiedenartigkeit der Kräfte, die den Menschen verliehen sind, bedingt auch eine Verschiedenheit in dem Besitze ... Intelligenz, höhere Begabung, gute Erziehung durch weise Eltern, die ihren Kindern materielle und moralische Lebensgüter zu übertragen vermochten, das sind Privilegien, welche die Vorsehung den Menschen verliehen hat ... Aber eben gegen diese Weltordnung wird verfahren, wenn man jenen natürlichen Vorzügen noch neue, durch die Willkür der Menschen hervorgerufene Privilegien beifügt, wenn man ... die Lasten des Staates nicht gleichmäßig auf alle Angehörige des Staates im Verhältnis ihrer Leistungsfähigkeit verteilen will." ...
Erwähnenswert ist noch, daß Bismarck aus politischen Gründen einen höheren Prozentsatz als 3 gewünscht hätte; politisch, aber auch ganz unsozial ist die Wendung: man dürfe das Volk nicht darüber im Dunkeln lassen, daß durch die Staatsumwälzung des vorigen Jahres nicht eine Verminderung, sondern eine Erhöhung der Staatseinnahmen, also auch der Steuern notwendig sein würde. Es ist „eine aus der Theorie wie aus der Geschichte erweisliche Wahrheit, daß die konstitutionelle Form an und für sich die teuerste ist, und je konstitutioneller, desto teuerer."

steuer, wie sie die Redner der größeren Städte ganz klar
zum Ausdruck brachten, ablesen zu können glaubten.

Die Vorlage wurde in der zweiten Kammer mit den
wenig einschneidenden Modifikationen der Finanzkommission,
die im wesentlichen auf eine Minderung des Einflusses der
Gemeindebehörden in den Einschätzungskommissionen ab-
zielten, angenommen [1].

Die Motive dieses Entschlusses, der dazu noch der Gesinnung weiter bürgerlicher Schichten kaum entsprach, flossen
nicht aus höheren sozialpolitischen oder finanztheoretischen Erwägungen, sondern waren durchweg realpolitischer, in diesem
Falle möchte ich sagen: kleinlicher Natur. Bezeichnend ist
in dieser Hinsicht die Begründung, mit der man die Einkommensteuer in der Kommission befürwortete. Selbst wenn
der beabsichtigte Zweck verfehlt würde, so erlange man doch
jedenfalls durch Ausführung dieses Versuches einen bedeutenden moralischen Gewinn für die reicheren Einwohnerklassen,
der weit höher anzuschlagen sei als das zugemutete Geldopfer.
Aus diesem Grunde empfahl man der Regierung auch das
Wort „Einkommensteuer" nachdrücklich hervorzuheben; denn
diese Bezeichnung lasse gleich erkennen, daß die reicheren
Einwohnerklassen künftig stärker zu den Staatslasten beisteuern würden, welche Absicht auch „für den schlichten
Menschenverstand" sofort kenntlich sein müßte.

Alles in allem handelt es sich nur darum, von der volks-
freundlichen Gesinnung der zweiten Kammer, in der das bourgeoise Element überwog, Zeugnis abzulegen, durch nicht all-
zuweit gehende Konzessionen Kräfte und Wünsche unter der
Oberfläche zu halten, deren explosive Gewalt im Vorjahre die
soziale und staatliche Ordnung aus der Tiefe her erschüttert
hatte. In der Debatte im Plenum traten ähnliche Gedanken-
gänge hervor — nur war hier der Ausdruck mehr verschleiert,
die Absicht weniger offensichtig.

Das Amendement Pochhammer und Genossen werde
ich im Zusammenhang mit dem Gutachten der Finanzkommission
der ersten Kammer behandeln. Auf die Überarbeitung der
Vorlage durch die Kommission der ersten Kammer näher
einzugehen, wird eine Darstellung, die die Entwicklung der
Personalbesteuerung unter den Gesichtspunkt der Gesetzgebung
vom 1. Mai 1851 zu stellen versucht und von diesem Gesichtspunkt aus die dahinzielenden Momente zu analysieren und zu
werten bestrebt ist, nicht wohl umhin können.

Wir treten damit schon unmittelbar in die Entstehungs-
geschichte der Gesetzgebung von 1851 ein.

---

[1] In der Abendsitzung vom 5. Februar 1850.

In den Hauptfragen wich der Beschluß der Finanzkommission der ersten Kammer [1] von dem Regierungsentwurfe
ab; die Einführung der Einkommensteuer sei ebenso wenig
zu empfehlen wie die Aufhebung der Mahl- und Schlachtabgabe. Zur Rechtfertigung wies man auf Frankreichs Beispiel hin; dort habe das direkte Steuersystem die größte Ausdehnung und Uniformität erlangt, trotzdem wäre der octroi in
den Städten bestehen geblieben. Die Einkommensteuer wäre
in ihrer Reinheit undurchführbar, ihre Existenz neben einer
Grund- und Gewerbesteuer, die schon spezielle Teile des Einkommens träfen, unzulässig; obendrein biete sie einen ständigen
Anreiz zu Defraudationen (Mac Culloch nenne die Einkommensteuer „eine Prämie für Meineid und Betrug") und
treibe schließlich noch das Kapital aus dem Lande. Auf die
Zuschläge zur Mahl- und Schlachtabgabe, die bei der Reform
des direkten Steuerwesens fortfallen sollten, könnten die
größeren Kommunen nur schwer Verzicht leisten. Endlich
wies man auf die Schwierigkeit hin, die mit der Veranlagung
einer direkten Steuer in den unteren Volksschichten unlöslich
verbunden wäre: Argumente, deren objektive Berechtigung
sich nicht abstreiten ließ.

Der prinzipiellen Ablehnung der Regierungsvorschläge
stellte die Kommission positive Anträge gegenüber, die deutlich die Grundlinien eines neuen Gesetzes vorzeichneten. Sie
lagen in derselben Richtung, in der sich die Vorschläge der
Kreuzzeitung bewegten; eine Parallelität, die um dessentwillen
interessant ist, weil sie die Einflüsse, die für die Reform maßgebend wurden, treffend charakterisiert. Der Kern dieser Anträge lag in der Beibehaltung der Mahl- und Schlachtsteuer,
in einer Umgestaltung der Klassensteuer, die den veränderten
sozialen Bedingungen, der Steigerung der Wohlhabenheit in
den oberen Volkskreisen angepaßt werden sollte. In dieser
Grundtendenz traf die Kommissionsvorlage mit dem Amendement Pochhammer zusammen, wie es innerhalb der zweiten
Kammer entstanden, von dieser in der Sitzung vom 5. Februar
1850 verworfen worden war. Im einzelnen ergaben sich allerdings manche Differenzpunkte; wir kommen darauf später
zurück.

Das Gemeinsame lag in Folgendem: die Klassensteuer
sollte in vier Hauptstufen erhoben werden; die vierte alle diejenigen Staatseinwohner umfassen, die über eine Einnahme
von 1000 Talern und mehr verfügten: hier sollte im allgemeinen der Satz von 3 % zugrunde gelegt, gleichzeitig
jedoch durch die an „den äußerlich sich kundgebenden Merkmalen" orientierte Einschätzung der klassensteuerartige Charakter der Abgabe betont werden. Die Klassensteuerpflicht

---

[1] Sten. Ber. der I. Kammer, S. 2906 ff.

für die vierte Hauptstufe — die Einkommen von 1000 Taler
und mehr — wollte man auch auf die mahl- und schlachtsteuerpflichtigen Städte ausdehnen; die Pflichtigen jedoch
durch Restitution einer gewissen Summe für den an Mahl-
und Schlachtabgabe gezahlten Betrag entschädigen. Mit diesem
Vorschlage, auch einen Teil der mahl- und schlachtsteuerpflichtigen Bevölkerung in den Kreis der direkten Besteuerung einzubeziehen, griff man auf eine Idee zurück, die
schon 1820 in den leitenden Kreisen erwogen: damals aus
praktischen Gründen, vorwiegend wegen der zu geringen Erträgnisse einer solchen Maßnahme, verlassen worden war.

Dies das Gemeinsame zwischen dem Entwurf der Finanzkommission und dem Amendement; es ist zugleich der
Grundstock der gesetzlichen Regelung des Personalsteuerwesens von 1851.

An dieser Stelle bleibt nur über die Haltung der ersten
Kammer noch ein Wort zu sagen. Eine meisterhafte Rede
Kühnes[1], die für den von der zweiten Kammer verbesserten
Regierungsentwurf eintrat, fand in der ersten Kammer keinen
Widerhall. Vergebens, daß auch Diergardt, der 1847
schon auf der Seite des rheinischen Liberalismus für die Einkommensteuer gesprochen hatte, wiederum seine Stimme für
die neue Besteuerungsform erhob; die Mehrheit der Kammer
ließ sich von den Gründen der Kommission überzeugen und
schloß sich dem allzu vorsichtigen nach der Entwicklung der
Vorjahre eigentlich recht unbefriedigenden Kommissionsantrage
auf Beibehaltung der Mahl- und Schlachtsteuer und Ausbau
der Klassensteuer in der skizzierten Form an. —

Somit war der zweite Versuch der Regierung, eine Neu-
fundierung des direkten Besteuerungssystems herbeizuführen,
ein Versuch, dessen Vorarbeiten und Pläne sich durch fast
zwei Jahre erstreckt hatten, in seinen Grundzügen an dem
Widerstande der ersten Kammer gescheitert.

C. Die Gesetzgebung vom 1. Mai 1851.

Mit diesem Resultate konnte sich die Regierung unmöglich zufrieden geben; die Reform der Personalbesteuerung war
vom politischen Gesichtspunkte aus eine Notwendigkeit, schon
aus diesem Grunde ihre Durchführung unaufhaltsam. Überdies war 1850 ein zweites ebenso dringendes Moment hinzu-
gekommen, das, in seiner Entstehung in das Revolutionsjahr
zurückreichend, sich in seiner ganzen Tragweite den Kammern
nicht länger vorenthalten ließ: die stetig wachsende Schuldenlast des Staates, die eine Erhöhung der Einkünfte bedingte.

---

[1] Teilw. wiedergegeben bei Held S. 291 Anm.

Die Finanznot des Staates datierte von den revolutionären
Erschütterungen des Jahres 1848 her; von dieser Zeit an war
das Defizit als solches im preußischen Staatshaushalte stationär
geworden [1]; der Grund hierfür lag in der überspannten Inanspruchnahme der staatlichen Mittel infolge der Revolution und in dem dadurch notwendig werdenden Schulden-
machen: endlich in dem Übergang zum konstitutionellen System.

Die Handels- und Geldkrisis, die schon kurz nach den
Märzereignissen von 1848 einen bedrohlichen Umfang [2] angenommen hatte, erforderte schnelles und tatkräftiges Ein-
greifen von seiten der Regierung. Anfang April bewilligte
der zweite Vereinigte Landtag dem Finanzminister die Übernahme von Garantien bis zu einer Höhe von 25 Millionen
Talern, ferner die Aufnahme einer 5 % igen (freiwilligen) Anleihe von 15 Millionen Talern; gleichzeitig wurde der Staats-
schatz durch die Gründung von Darlehnskassen und durch
direkte Kreditgewährung an bedrohte Privatfirmen und Bank-
häuser übermäßig stark in Anspruch genommen [3]. Am Ende
des Jahres konstatierte man einen Überschuß der Ausgaben
über die Einnahmen von rund 22½ Millionen Talern; die
Deckung gelang hauptsächlich aus Restbeständen des Vor-
jahres, aus den fast erschöpften Mitteln des Staatsschatzes [4]
und der freiwilligen Anleihe. In den Jahren 1849 und 1850
zusammengenommen war das Defizit auf 55 Millionen an-
gewachsen; bei Inanspruchnahme aller zu Gebote stehenden
Hilfsquellen ließ es sich auf etwas über 7 Millionen zusammen-
streichen. Die unverzinsliche Schuld (Kassenscheine) mußte
zu diesem Zwecke auf 20 Millionen erhöht und eine neue Anleihe von 18 Millionen Talern zu 4 % kontrahiert werden
(7. März 1850). Dem Staate bürdete die neue Verschuldung
eine Verzinsungs- und Tilgungslast von 1,9 Millionen jährlich auf.

Im Anfang des Jahres 1851 waren für über 109 Millionen
Staatsschuldscheine im Umlauf. Die gesamte Schuld be-
zifferte sich zur selben Zeit auf 178 628 590 Taler [5], un-
gerechnet die soeben erwähnten 7 Millionen, für die sich zunächst keine Deckung auffinden ließ. Sie erreichte damit den

---

[1] Vorbericht der Zentralkommission zur Prüfung des Staats-
haushaltsetats pro 1851 (v. 10. Februar 1851) Drucksachen der zweiten
Kammer 1850/52 Nr. 91.

[2] Das Geldbedürfnis führte zu übereilten Realisationen. In der
Folge fielen die Staatsschuldscheine anfangs April auf 64; so tief hatten
sie seit 1818 nicht mehr gestanden. Die Anteilscheine der preußischen
Bank standen Mitte Mai 59½. (Stat. Jahrb. 1867. S. 230.)

[3] Vgl. Mähl a. a. O. S. 231 ff

[4] Ende 1849 fanden sich im Staatsschatze, der zu Beginn des Jahres
1848 nach Richter noch über 19 Millionen Taler betragen hatte, noch
beinahe 4 Millionen vor.

[5] Vgl. Richter, Das preußische Staatsschuldenwesen usw., S. 60.

nahezu doppelten Betrag der Jahreseinnahmen, erforderte zur
Verwaltung, Verzinsung und Amortisation $1/_{10}$ der gesamten
Einkünfte.

Und doch zeigte diese Entwicklung nichts Anormales.
In anderen Großstaaten waren Verschuldung und Defizit in
viel größeren Progressionen gewachsen; in Österreich z. B.
stieg das Defizit 1849 auf 96% der Staatseinnahmen[1].

Wir haben schon darauf hingedeutet, wo für Preußen die
Gründe der wachsenden Finanznot zu suchen waren: in den
Unruhen und Rebellionen von 1848, in den Stockungen von
Handel und Industrie und der dadurch notwendig werdenden
Staatshilfe, in den im Verhältnis zu den rapid anschwellenden
Ausgaben zwischen 1848 und 1851 fast stabil bleibenden
Staatseinkünften; endlich in der Überleitung in das konstitutionelle System, das an sich einen größeren Aufwand erforderte als das alte absolute Regime. Dafür nur ein Beispiel:
1848 mußte für das Justizministerium ungefähr 1 Million Taler
ausgeworfen werden, um die außerordentlichen Ausgaben zu
decken, die bei Aufhebung der Patrimonialgerichtsbarkeit, bei
der durch Veränderung des Strafverfahrens bedingten Umgestaltung der Gerichtseinrichtungen sich als eine notwendige
Folge ergaben[2].

Alles in allem können wir sagen, daß die Anleihewirt-
schaft — Folge und zugleich Ursache des wachsenden
Defizits — so lange nichts Ungesundes hatte, wie Preußen es
mit der Schuldentilgung ebenso ernst nahm wie in den
Jahren zwischen 1820 und 1848. Zur Rechtfertigung der
vielleicht unverhältnismäßig hohen Ausgaben müssen wir anführen, daß sie sich zu Beginn des Jahres 1848 aus der von
Hansemann richtig erkannten Aufgabe des Staates: die
schnell um sich greifende Handelskrisis nach Möglichkeit ein-
zudämmen, ergeben hatten, daß auch während der Revolution
größere Summen auf den Neubau von Chausseen, die Erhaltung
der bestehenden Kunststraßen, die Dotierung des Eisenbahn-
fonds verwendet waren[3], daß die Verzinsung und Tilgung der
neu aufgenommenen Anleihen, ebenso wie diese selbst in der
für das moderne Staatswesen sich ergebenden Notwendigkeit,
über den Rahmen der einfachen Verwaltungsanleihe hinaus
Schulden zu kontrahieren, ihre Rechtfertigung erhielten.

Diese einleitenden Bemerkungen haben aus der Betrachtung des Staatshaushaltes und seiner zunehmenden Bedürfnisse die Notwendigkeit herleiten wollen, an eine

---

[1] Vgl. auch Schmoller in Jahrb. f. V. u. G. Bd. 33 (1909) S. 25
u. S. 17.

[2] Bericht des Finanzministers an den König vom 26. Dezember
1848. Vgl. Reden a. a. O. S. 103 ff.

[3] Ebendort S. 105.

Steigerung der Einnahmen zu denken. Hierzu schien
die Personalbesteuerung, an deren Reform sich, wie wir wissen,
vor allem auch politische Erwartungen anknüpften, besonders
geeignet: In der Vorlage von 1851 mußten diese beiden
Momente als die treibenden Faktoren auftreten.

Die notwendige Umbildung des Staatsorganismus hatte die
Regierung schon 1849 zum Ausgangspunkt ihrer Argumentationen genommen; das finanzielle Bedürfnis trat für den
Entwurf von 1851 neu hinzu. Die durch die Reform der
direkten Besteuerung zu erzielende Mehreinnahme schätzte
die Regierung auf $1^3/_4$ Millionen.

Die Geschichte der Vorlage brauchen wir nur in
wenigen Strichen zu skizzieren; den Inhalt der Gesetzgebung müssen wir hingegen etwas breiter darlegen und der
Schilderung eine abschließende Kritik folgen lassen.

Die Ausarbeitung des Gesetzes lag wiederum, wie schon
1847, in den Händen von Otto Camphausen; als Muster
diente in erster Linie der Entwurf der Finanzkommission der
ersten Kammer und das aus der zweiten Kammer hervorgegangene Amendement Pochhammer. Das den beiden
Vorschlägen Gemeinsame haben wir schon weiter oben
herausgehoben, als den Grundstock der Regierungsvorlage von
1851 und der abschließenden Gesetzgebung bezeichnet.

Auch auf die Übereinstimmung mit den reaktionären
Parteiwünschen wurde hingedeutet.

Um den Einblick in das Material, auf das Camphausen
sich beziehen mußte, zu vertiefen, möchte ich noch auf die
Differenzpunkte, die zwischen dem Amendement und dem
Kommissionsentwurf bestanden, hinweisen: Nach Poch-
hammers Amendement sollte die Aufhebung der Mahl- und
Schlachtsteuer ganz in das Belieben der Kommunalbehörden
gestellt werden; nach dem Kommissionsentwurf hingegen be-
durfte es jedesmal eines neuen Spezialgesetzes, um ihre Abschaffung in irgendeiner Stadt der Monarchie zu bewirken;
nach dem Entwurfe erhielten die mahl- und schlachtsteuerpflichtigen Städte die Hälfte des Klassensteueraufkommens
der obersten Hauptstufe, die, wie wir sahen, in die Sphäre
der Klassensteuerpflicht einbezogen werden sollte, zur freien
Verwendung; nach dem Amendement wurden anstatt dessen
die Sätze für Roggen und Schweinefleisch ermäßigt; verschieden waren die Bestimmungen über die Restituierung des
an Mahl- und Schlachtsteuer gezahlten Betrages der Steuerzahler erster Ordnung in den pflichtigen Städten; der Entwurf
trat für eine fixe Summe ein, das Amendement für eine der
Höhe des Steuerbetrages entsprechende Abstufung; endlich
zeigten die Veranlagungsschemata eine voneinander abweichende
Gestaltung.

Am 15. September 1850 ließ C a m p h a u s e n den Entwurf
zu einem Gesetze an den Finanzminister R a b e abgehen. Die
Vorlage wich von der späteren insofern ab, als in Anlehnung
an die Beschlüsse der zweiten Kammer vom Februar 1850
die Einkommensteuer in den oberen Stufen beibehalten wurde;
erst auf B i t t e r s Anraten wurde die Vorlage bis auf einige,
allerdings ziemlich unwesentliche Detailbestimmungen dem Entwurfe der ersten Kammer assimiliert, aus der Einkommensteuer eine k l a s s i f i z i e r t e Einkommensteuer, deren Veranlagungsschema nach dem „ideellen Steuerfuß" von 3 % gebildet war. Der Grund der Änderung lag in der Befürchtung
erneuter Opposition innerhalb der ersten Kammer; einer noch-
maligen Ablehnung, die aus finanziellen sowohl wie aus
politischen Gründen dringend vermieden werden mußte. Im
übrigen war man sich in Regierungskreisen vollkommen darüber klar, daß der neue Entwurf dem älteren gegenüber eine
entschiedene Verschlechterung bedeute; aus dieser Einsicht
heraus würde „die Verteidigung des Vorschlages sich hauptsächlich nur auf die dira necessitas, auf das Bedürfnis, mehr
Geldmittel zu schaffen, stützen können"[1]. Dafür kamen auch
die Motive[2] ganz offen auf; sie erwähnten noch außerdem, es
wären, seitdem man 1847 zum ersten Male mit dem Projekte
einer Einkommensteuer hervorgetreten sei, aus allen Teilen
des Landes Protestkundgebungen eingelaufen, so daß die Entscheidung der ersten Kammer demnach sehr wohl als Ausdruck „der öffentlichen Stimmung hierüber" angesehen werden
könne.

Das Schicksal der Vorlage vor der Volksvertretung läßt
sich ebenfalls mit wenigen Worten erledigen. Anträge auf
Scheidung in fundiertes und unfundiertes Einkommen und auf
Steuerprogressionen von 2—7$\frac{1}{2}$ % innerhalb der klassifizierten
Einkommensteuer wurden von der zweiten Kammer ver-
worfen. In der ersten Kammer hat die Fassung, wie sie die
zweite festgestellt hatte, noch einige, wenig bedeutsame,
Änderungen erfahren; so wurde die Zeitklausel (vorläufige
Bewilligung bis zum 31. Dezember 1851) getilgt. In dieser
Form ist der Entwurf später von der zweiten Kammer ak-
zeptiert worden. —

Fassen wir nun den Inhalt des Gesetzes über „die Einführung einer Klassen- und klassifizierten Einkommensteuer"[3]
zusammen. Die wichtigsten Punkte wurden ohnehin schon
berührt, es kann sich also nur darum handeln, einzelne Andeutungen näher auszuführen. Die Grenze, an der die Klassen-

---

[1] Camphausen in einem Bericht an R a b e. F. M.
[2] Drucksachen der zweiten Kammer 1850/51 Nr. 26.
[3] Ges. S. 1851 Nr. 12, S. 193—212. Vgl. die ausführliche Darstellung bei S c h w a r z - S t r u t z, Finanzen Preußens I[4] § 22.

steuer in die klassifizierte Einkommensteuer überging, lag bei
einem Einkommen von mindestens 1000 Talern; für die Veranlagung zur klassifizierten Einkommensteuer war eine Reihen-
folge von 30 Stufen gebildet worden; das Steuerquantum der
obersten Stufe betrug 600 Taler monatlich; ein tieferes Eindringen in die Vermögensverhältnisse sollte unterbleiben; dem
Vorsitzenden der Einschätzungskommission fiel also die gewiß
nicht leichte Aufgabe zu, „alle Merkmale, welche ein Urteil
über das in Ansatz zu bringende Einkommen näher zu begründen vermögen, zu sammeln" (§ 22).

Die Einschätzung erfolgte lediglich nach Maßgabe des
G e s a m t e i n k o m m e n s; die Berücksichtigung der „sonstigen
Verhältnisse", wie sie im Vorjahre die erste Kammer gefordert
hatte, war von der Regierung gestrichen worden[1]. Den Ge-
meinde- und Kreiskommissionen waren Bezirkskommissionen
zur Beaufsichtigung und als Berufungsinstanz übergeordnet
(§ 25); ihnen stand bei Reklamationen das Recht zu, eine
genauere Feststellung des Vermögens zu veranlassen (§ 26
bis 30); die oberste Leitung des Veranlagungsgeschäftes lag
in den Händen des Finanzministers (§ 31).

Die Mahl- und Schlachtsteuer blieb bestehen; wo die
Mahlsteuer nach der provisorischen Verordnung vom 4. April
1848 aufgehoben worden war, sollte sie von neuem eingeführt
werden[2]. Ein Drittel des Rohertrages blieb den Kommunen
zur freien Verwendung vorbehalten (§ 1).

Die Kompetenz der klassifizierten Einkommensteuer wurde
auf die ganze Monarchie, mithin auch auf die mahl- und
schlachtsteuerpflichtigen Städte ausgedehnt. Hinsichtlich der
Restitution der an Mahl- und Schlachtabgabe gezahlten Beträge hatte sich die Regierung in Anlehnung an den Beschluß
der ersten Kammer für eine fixe Summe (20 Taler) entschieden (§ 26); die Einführung der Klassensteuer an Stelle
der Mahl- und Schlachtsteuer setzte überall ein Spezialgesetz
voraus; sie war also der freien Entscheidung der Kommunen
entzogen.

Was die Klassensteuer anlangt, so wurde ihr Veranlagungsschema gegen früher verfeinert (§ 9); in den Erleichterungen
für die ärmeren Einwohnerklassen jedoch blieb das Gesetz
hinter den Forderungen der ersten Kammer vom Vorjahre
zurück; im übrigen ließ man natürlich alles beim Alten.

So war das Resultat der Reformbestrebungen zwischen
1847 und 1851 im ganzen nur wenig befriedigend. Es war

---

[1] Auf die Zugrundelegung des Gesamteinkommens ohne Berücksichtigung anderer Momente legte die Regierung großen Wert. B i t t e r
in der Finanzkommission d. I. K. (das Protokoll F. M. Eink.St. Gen.
vol. 3).

[2] Über die Abnahme der Zahl der mahl- und schlachtsteuerpflichtigen Städte vgl. S. 25.

in jeder Einzelbestimmung ein Produkt der Entwicklung selber.
Nach einigen kritischen Bemerkungen über den Inhalt des Gesetzes werden wir versuchen, die einzelnen für die Entwicklung in Frage kommenden Momente nochmals im Zusammenhang vorzuführen.

D. Kritik der Gesetzgebung von 1851.
Ergebnisse.

Der Zustand, der durch die neue Gesetzgebung herauf-
geführt wurde, war in vieler Hinsicht ein höchst merkwürdiger.
Es wird zunächst unsere Aufgabe sein, über ihren theoretischen
Gehalt Klarheit zu gewinnen.

Die Scheidung zwischen Klassen- und Mahl- und Schlachtsteuer war bisher streng lokal durchgeführt worden. Wo
die Klassensteuer existierte, sah man von der Mahl- und
Schlachtabgabe ab und umgekehrt. Die Kompetenz der einen
umspannte das platte Land und die kleineren Städte, die der
anderen die noch spärlich vertretenen Großstädte mit einer
Einwohnerzahl von über 30000; dies Verhältnis hatte sich
allerdings im Laufe der Zeit etwas verschoben; im großen
und ganzen war es jedoch auch für 1851 noch durchaus zu-
treffend.

Trotzdem waren die beiden Steuerarten koordiniert;
sie bildeten nur die beiden verschiedenen Seiten ein und derselben Steuergesetzgebung, deren gedankliche Unterlage: Stadt
und Land könnten hinsichtlich der Besteuerung nicht unter
einen Hut gebracht werden, wir in den Schriften J. G.
Hoffmanns kennen gelernt haben. Die Reformversuche
von 1847 und 1849 richteten sich deshalb gegen beide Abgaben, die sie durch einen organischen Ausbau des
Personalsteuerwesens aus der Welt schaffen wollten; erst 1851
hat man sich auf eine Neuordnung der Klassensteuer mit einer
eigenartigen Erweiterung ihrer Kompetenz beschränkt; daneben ließ man die Mahl- und Schlachtsteuer in der Form
von 1820, allerdings in geringerer Ausdehnung, bestehen.

Das Übergreifen der direkten Steuer in die indirekte
Steuersphäre hatte man schon 1820 in nähere Erwägung gezogen; 1851 machte man Ernst mit diesem Projekte. Die
Absicht war eine doppelte: Zunächst wollte man durch ein
stärkeres Heranziehen der Wohlhabenderen in Übereinstimmung mit den herrschenden Wünschen und Bestrebungen
der Zeit ein sozialpolitisches Moment in die Personalbesteuerung einflechten. Gleichzeitig jedoch erhoffte die geld-
bedürftige Regierung eine Mehrung ihrer Einkünfte.

Unter diesem Gesichtspunkte war die Maßnahme jedenfalls berechtigt; hätte die neue Gesetzgebung, die das Kapital

durch Verfeinerung des Veranlagungsschemas, durch die bedeutende Erhöhung des Maximalsatzes, so unendlich viel
schwerer belastete, diesem die Möglichkeit gelassen, sich den
Maschen des direkten Steuernetzes durch eine einfache
Flucht in die mahl- und schlachtabgabepflichtigen Orte zu
entziehen, um sich dort einer fast vollkommenen Abgaben-
freiheit zu erfreuen, so wäre jedenfalls die Staatskasse nicht
unbeträchtlicher Einnahmen verlustig gegangen.

Nichtsdestoweniger war die theoretische Seite dieser Maßregel höchst anfechtbar. Durch die Rückerstattung der an
Mahl- und Schlachtsteuer gezahlten Beträge suchte man
einer gehässigen Doppelbelastung aus dem Wege zu gehen;
wir erinnern uns, daß im Gesetz der Vorschlag der ersten
Kammer: von einer speziellen Berechnung abzusehen, die Rückvergütung ganz gleichmäßig auf eine bestimmte Summe zu
normieren, adoptiert worden war. Es ist kaum nötig, das Un-
genügende solchen schematischen Vorgehens näher zu analysieren. Es ist ohne weiteres klar, daß die präsumierte Rück-
vergütungssumme von 20 Talern mit dem wirklich gezahlten
Mahl- und Schlachtsteuerbetrage überhaupt nicht zusammen-
hing, daß dieser vielmehr durch eine Reihe schwer meßbarer
Faktoren, durch Stand und Stellung des Pflichtigen, die Zahl
seiner Familienangehörigen, kurzum den Grad seiner Bedürfnisse, des Näheren definiert wurde. Praktisch bedeutete die
Rückvergütung nichts anderes als eine recht allgemein ge-
haltene Entschädigung, für deren Berechnung eine prinzipielle Formulierung innerhalb des Steuersystems nicht vorhanden war. Demgegenüber hatte das Amendement doch
wenigstens den Versuch gemacht, eine theoretisch begründete
Formel aufzufinden, nach der sich die rückzuzahlende Summe
einigermaßen gerecht bestimmen ließ.

Die Einschätzungsmethode hielt die Mitte zwischen einer
Veranlagung zur Klassensteuer und zur Einkommensteuer.
Man legte die äußeren Merkmale zugrunde. Dabei hatte
man sich jedoch von der Vorstellung frei gemacht, als ob diese
Merkmale überall leicht kenntlich seien, Rückschlüsse auf die
Zugehörigkeit zu einem bestimmten Stande zuließen, der nun
seinerseits möglichst einheitlich zu besteuern wäre; man hatte
sich vielmehr davon überzeugt, man müsse, ohne in die Details der Vermögensverhältnisse einzudringen, möglichst scharf
individualisieren, die Unsumme äußerer Merkmale sorgfältig
sammeln, um endlich das annäherungsweise bestimmte Einkommen in einem verfeinerten Klassenschema einfangen zu
können[1]. Aber gerade in dieser Einschätzungsmethode selber

---

[1] Die Selbstdeklaration fiel weg. In den Vorschlägen der Regierung läßt sich eine Entwicklung konstatieren von der obligatorischen
zur fakultativen Selbsteinschätzung bis zu der im Text skizzierten
Methode von 1851. Diese Entwicklung ist charakteristisch für die Reformperiode 1847—1851.

lag ein innerer Widerspruch, der von den unangenehmsten
Folgen begleitet sein mußte. Der Abg. Claessen hat in
der zweiten Kammer darauf aufmerksam gemacht. Wenn das
Einkommen des Steuerpflichtigen in der obersten Stufe hinsichtlich seiner Zusammensetzung und Höhe zunächst nach
den gegebenen Merkzeichen einwandfrei festgestellt, dann
aber einem Klassenschema eingereiht wird, so hat dies Verfahren keine andere Wirkung als die einer Steuerermäßigung;
denn die Steuerbehörde wird bei der Einschätzung aus Vorsicht immer die nächstuntere Stufe wählen. Je weiter die
einzelnen Stufen auseinanderrücken m. a. W., je größer die
Einkünfte werden, um so deutlicher tritt die Ungerechtigkeit
hervor; anders ausgedrückt: „Um die Natur des Gesetzes nach
dieser Stufenleiter genau zu bezeichnen, so ist es eine progressive Einkommensteuer, aber in umgekehrter Richtung,
oder . . . . . eine Einkommensteuer mit progressiven Steuernachlässen."

Nirgend sonst wird der Übergangscharakter der Gesetzgebung deutlicher als in dem Veranlagungsverfahren. Von
hier aus ließe sich ihr historischer Charakter bestimmen: die
Verschmelzung älterer und neuerer Prinzipien der Steuertheorie nachweisen.

In den breiten demokratischen Schichten des Volkes war
allerdings das Bewußtsein von der Notwendigkeit einer Umbildung aus sozialen Gesichtspunkten, aus Rücksichten der
Gerechtigkeit lebendig; dort forderte man eine Reform in viel
weiterem Umfange. Wir kennen die einzelnen Momente, die
die Gesetzgebung in andere Bahnen drängten.

Die Steuerreform brachte ganz naturgemäß eine Verschiebung staatsbürgerlicher Rechte mit sich[1]. Der Kreis der
Wähler in der ersten Klasse mußte sich, sobald die einheitlich fixierten Klassensteuersätze fallen gelassen waren, bedeutend verengen; denn in demselben Maße, wie die großen
Einkommen durch eine Ausbildung der direkten Steuern
stärker herangezogen wurden, mußten sie auch, gleichzeitig in
ihrer Vereinzelung immer schärfer hervortretend, den wenigen
Begüterten den Zutritt in die erste Wählerklasse sperren. Die
Folge war eine Zunahme derjenigen Wahlbezirke, in denen
das Wahlrecht nur von einer oder zwei Personen ausgeübt
wurde. Dagegen war die Zahl der Wähler in der dritten
Klasse in stetigem Wachsen begriffen. Je vollkommener mithin dem Grundsatze entsprochen wurde, die politischen Rechte
auf die Steuerleistung zu basieren, um so offensichtlicher trat
der plutokratische Charakter des Dreiklassenwahlrechts hervor.
Ein Fortschritt in der Steuergesetzgebung bedeutete bis in den

---

[1] Vgl. Herrfurth in der Deutschen Revue 1893 (18. Jahrg. 2)
S. 230 f.

Anfang der neunziger Jahre einen Rückschritt in der politischen
Gliederung der Gesellschaft[1]; denn er drückte die Massen
herab zugunsten einer sich mehr und mehr verringernden Zahl
von Großkapitalisten.

Überschauen wir zum Schluß nochmals die wesentlichen
Resultate unserer Arbeit. Die Reform von 1820 hatte trotz
des unzweifelhaften Verdienstes, eine sich über alle Teile der
Monarchie erstreckende Vereinheitlichung der Besteuerung ge-
fördert zu haben, wegen der falschen Voraussetzungen, auf
denen sie ruhte, in ihren Folgen wenig segensreich gewirkt.
Die Opposition im Volke machte sich deshalb bald bemerk-
bar, lenkte die Aufmerksamkeit der Regierung der Frage der
Personalbesteuerung zu. Den Anstoß zu den Reformplänen
von 1847 gaben jedoch im wesentlichen politische, eigentlich
müßte man sagen: pseudopolitische Erwägungen. Die Bedeutung einer Einkommensteuer wurde, abgesehen von wenigen
Ausnahmen, in ihren Grundzügen verkannt, die Schäden des
alten Systems nicht genugsam hervorgehoben. Der aus-
gezeichnete Entwurf, der dem ersten Vereinigten Landtag vorgelegt wurde, war in seiner äußeren Gestalt Kühnes er-
fahrener Klugheit zu danken. Die ablehnende Haltung des
Landtags war in einer Verbindung verschiedenartigster Motive
gegeben. Am bedeutsamsten wurde die Unmöglichkeit, das
Kommunalsteuerproblem befriedigend zu lösen.

Der endgültige Übergang Preußens zum Konstitutionalismus leitete auch die Besteuerungsfrage in neue Bahnen; besonders eingehend mußten wir den neugewonnenen Standpunkt der Regierung zu analysieren versuchen, im Gegensatz zu ihm die Motive der Volksvertretung entwickeln. In
den Reformversuchen von 1849 waren rein politische Momente
auf seiten der Regierung maßgebend. Gegen die Vorlage vom
Juli erhob sich der schärfste Widerspruch der Bourgeoisie;
der September-Entwurf scheiterte endgültig am Widerstand
der ersten Kammer.

Gegen eine Einkommensteuer ließ sich 1849 anführen,
daß die praktische Erfahrung auf diesem Gebiete fehle, die
Frage des Ineinandergreifens städtischer und staatlicher Besteuerung noch ungelöst sei. Ganz generell wäre die direkte
Personalsteuer für die größeren Kommunen nicht empfehlenswert: sie müsse in die untersten Volksschichten hinabsteigen;
dort würde ihre Durchführung unmöglich. Die Bedeutung
dieses Arguments wurde durch die erschreckende Zunahme
des Proletariats, gerade in dieser Zeit, verschärft.

---

[1] Auf die weitere Entwicklung und die heutige Gestaltung des
Wahlrechts einzugehen, liegt außerhalb des Rahmens dieser Studie.

1851 sah sich die Regierung vor der Notwendigkeit, die geplante Reform unter allen Umständen in die Wirklichkeit überführen zu müssen; politische und finanzielle Momente wirkten zusammen und verstärkten sich gegenseitig. Wenn auch ungern, so wurde man doch durch die Haltung breiter Schichten des Volkes zu erheblichen einschränkenden Konzessionen genötigt.

Den in der Gesetzgebung von 1851 herbeigeführten Zustand haben wir kennen gelernt, sind allerdings bei seiner kritischen Besprechung zu überwiegend negativen Ergebnissen gekommen.

Unsere Betrachtungsweise war notwendig einseitig; sie ging vorwiegend von theoretischen Gesichtspunkten aus. Wir müssen sie an dieser Stelle ergänzen. Vergegenwärtigen wir uns, daß die Reform von 1820 durch die Praxis und durch korrigierende Sonderbestimmungen völlig durchlöchert war, daß ihre theoretische Unterlage als unzulänglich erkannt, ihre Durchführung nicht mehr an bestimmte Normen geknüpft war und gleichsam in der Luft schwebte. Die provisorische Verordnung von 1848 hat ihr den letzten Stoß gegeben. Vor der Regelung von 1851 existierten 80 mahl- und schlachtsteuerpflichtige Städte, in denen die Mahl- und Schlachtsteuer erhoben, und denen ein Drittel der Mahlsteuer zurückerstattet wurde. Zwei Städte mit der Mahl- und Schlachtsteuer, aber nicht der Mahlsteuer ersten Satzes; daneben eine Reihe von Städten, die die sogenannte Ersatzsteuer eingeführt hatten, und endlich für den Rest der Monarchie eine Klassensteuer, die zum Unterschiede von den anderen Provinzen am Rhein kontingentiert war. In diesem Wirrwarr von Steuern brachte die Gesetzgebung von 1851 eine gewisse Einheit; sie erreichte namentlich durch die Erhöhung des Maximalsatzes sowohl eine Steigerung der Erträgnisse als auch eine gerechtere Verteilung der Lasten.

Allerdings blieb gerade hier noch mancherlei zu tun; der vage Charakter der Einschätzung stand einer befriedigenden Heranziehung der Wohlhabenden hindernd im Wege. Welche Beträge dadurch der Staatskasse verloren gingen, lehrt die Tatsache, daß sich lediglich durch den Pflichteifer der Behörden in den Jahren 1852—1855 die Erträgnisse der Einkommensteuer um rund eine halbe Million hoben. Als besonders lukrativ erwies sich in den folgenden Jahren die Klassensteuer; die Einkünfte überstiegen 1854 den Ertrag der alten Klassensteuer, die sich über alle Bevölkerungskreise mit Einschluß der nunmehr Einkommensteuerpflichtigen erstreckt hatte, um mehr als 300000 Taler. Dabei konnte von einer Steuerüberlastung nicht wohl die Rede sein. Das Gesamtsteuerquantum betrug in den fünfziger Jahren etwa 95 Sgr. auf den Kopf der Bevölkerung; davon entfielen 18—20 auf

die Klassen- und klassifizierte Einkommensteuer. Erst nach
1860 stieg es beträchtlich.

Hinzu kam, daß die Sätze der Klassen- und klassifizierten
Einkommensteuer, die die Pflichtigen wenigstens annähernd
nach ihrer Leistungsfähigkeit trafen, im Notfalle bequem erhöht werden konnten; 1854 mußte der Staat von dieser Hilfs-
quelle Gebrauch machen, um durch einen 25 %igen Zuschlag
ein Defizit von 3 Millionen decken zu können. Auch zu
Kommunalsteuerzuschlägen erwies sich das neue System der
Personalbesteuerung gerade wegen der gemäßigten Formen,
in denen es sich bewegte, in der Folgezeit als geeignet.

Somit müssen wir unser Urteil dahin ändern, daß die
Reform von 1851, so anfechtbar ihre theoretische Unterlage
sein mochte, so unbefriedigend sie nach den Projekten der
Vorjahre war, doch gegenüber dem sich auf der Grundlage
von 1820 herangebildeten Zustand einen nicht zu unter-
schätzenden Fortschritt in sich schloß. Auch die Zeitgenossen
haben sich durchweg in diesem Sinne geäußert. Daß man
den Schritt zu der wahren, auf volle Leistungsfähigkeit und
Selbstdeklaration gegründeten Einkommensteuer in Preußen
erst so spät wagte, sich bis dahin mit unvollkommenen und
zaghaften Zusatzbestimmungen aushalf, hat dem späteren Urteil
über die Reform von 1851 geschadet. Man übersah dabei,
daß sie für ihre Zeit nicht so unpassend war.

Bei einer zusammenfassenden Beurteilung darf man sich
nicht der Einsicht verschließen, daß es die Regierung o h n e
den Einspruch der ersten Kammer weiter gebracht hätte.
„Parlamentarische Verfassungen mit ihrer starken Züchtung
von Partei- und Klasseninteressen sind meist zu großer Sozial-
reform unfähig[1]." In der Steuergesetzgebung, wo auf das
Moment der gerechten Verteilung über die einzelnen Volkskreise a l l e s ankommt, vertreten sie fast immer die einseitigen
Interessen der Besitzenden, stehen dem Staate gegenüber naturgemäß auf der Seite des Deklaranten.

Für unsere Darstellung, die das Problem der Personalbesteuerung gerade in dem Zeitpunkte zu fassen suchte, wo sich
Preußens Umbildung in einen konstitutionellen Staat vollzog,
war es deshalb notwendig, die politische Konstellation: die
Gruppierung der Parteien, ihr Verhalten zur Einkommensteuerfrage näher zu schildern, um so die Einflußsphäre, in der sich
unsere Frage bewegte, genauer abzugrenzen. Eine Reihe anderer
Momente: die Stellung der Regierung, bedingt durch politische
und finanzielle Erwägungen, die Veränderungen des sozialen
Körpers, die Widerstände, die sich aus dem bestehenden System ergaben, mit dem man noch nicht vollkommen brechen konnte, haben
wir gleichzeitig darzulegen versucht. Nur so glaubten wir unser
Problem dem historischen Verständnis näher bringen zu können.

---

[1] Schmoller, Grundriß II, S. 376.

Anlagen.

1. Bericht des Staatsministeriums an den König über die Kontingentierung der Klassensteuer in der Rheinprovinz.

F. M. Klassensteuer Gen. Nr. 26 d. 1827—1830.

Berlin, den 7. November 1828.

Die rheinischen Provinzialstände haben in der an Ew. Königliche Majestät gerichteten Eingabe vom 16. Juni cr., den früher vorgetragenen Wunsch, wegen Bestimmung feststehender Klassensteuer-Kontingente für die Regierungsbezirke und wegen deren Verteilung auf die Kreise und Bürgermeistereien unter Mitwirkung der Kreisstände, angelegentlich wiederholt und in dem jener Eingabe beigefügten Gutachten sich im allgemeinen mit dem Inhalte der ihnen über diesen Gegenstand mittels allerhöchsten Dekrets vom 4. März d. Js. vorgelegten Entwurfs zu einer Verordnung einverstanden erklärt.

Von den in dem erwähnten Gutachten niedergelegten Anträgen können wir den ersten, um Verminderung des Hauptsteuer-Betrags der Provinz auf eine Million Thaler nicht bevorworten, da eine Ermäßigung der Steuer am wenigsten mit der Kontingentierung, ohne Exemplifikationen hervorzurufen, verbunden werden kann, ohnehin aber bei Festsetzung der Kontingente diejenigen Ausfälle in Berechnung kommen und die Steuersummen vermindert werden, welche aus Ew. Majestät allerhöchsten Order vom 3. März cr. wegen des einmonatlichen Erlasses der Klassensteuer der zur Landwehr-Übung einberufenen Offiziere und Landwehrmänner, die in den höheren Klassen steuern, und vom 28. Juni cr., wonach die Klassensteuerpflichtigkeit vom 1. Januar 1829 ab erst mit dem vollendeten 16. Lebensjahre anfangen soll, hervorgehen.

Die Schwierigkeit einer Beurteilung der Verhältnismäßigkeit des Klassensteuer-Aufkommens der 5 rheinischen Regierungsbezirke gegen einander ist den Provinzialständen bereits in dem ihnen auf Ew. Königl. Majestät Befehl zugestellten Aufsatze des Finanzministers bemerklich gemacht und es läßt sich von den Beratungen einer dieserhalb zusammen zu berufenden Kommission, wie auch selbst in der ständischen Schrift anerkannt wird, kein wesentlicher Erfolg erwarten.

Die Anträge wegen Subrepartition der Klassensteuer-Kontingente nach dem Maßstabe der Bevölkerung und der Grund- und Gewerbesteuern und wegen fernerer Vermehrung der Zahl der schon zugestandenen sechs neuen Steuerstufen, finden wir durch den Inhalt der Eingabe keineswegs zureichend motiviert.

Die entworfene Verordnung gewährt der Verteilungs-Kommission
eine für den Zweck mehr als ausreichende Freiheit, schließt die
Anwendung irgend eines wohlberechneten Verteilungs-Maßstabes in
den gegebenen Grenzen nicht aus und geht, indem sie die bisher
entrichteten Steuersummen als Hauptbasis der Repartition vor-
schreibt, ungleich sicherer, als die vorgeschlagene willkürliche
und ganz unbewährte Verteilungsweise; das Bedürfnis einer Vermehrung der Steuerstufen über 18 wird sich aber auch für
einzelne Kreise schwerlich genügend nachweisen lassen.

Wenn Ew. Königl. Majestät daher das Gesuch der Stände
um Kontingentierung zu gewähren geruhen; so scheint es uns
rätlich, den deshalb vorgelegten Entwurf einer Verordnung ohne
die vorgeschlagenen Abänderungen beizubehalten und den Beschluß über die erwähnten ständischen Anträge solange aus-
zusetzen, bis die aus dem Repartitions-Geschäfte hervorgehende
Erfahrung den Ständen die Mittel zur näheren Beurteilung der
Zweckmäßigkeit derselben gewährt. In diesem Sinne würden wir
demnächst einen den Ständen in dem Landtags-Abschiede zu er-
teilenden Bescheid alleruntertänigst in Antrag bringen, da indessen
die Veranlagung der Klassensteuer für das nächste Jahr jedenfalls keinen Aufschub gestattet, so erbitten wir uns schon jetzt
Ew. Königl. Majestät allerhöchste Entscheidung über diese Angelegenheit und im Fall der Gewährung des ständischen Gesuchs
die Autorisation für den alleruntertänigst mitunterzeichneten
Finanzminister den wieder beiliegenden Entwurf einer Verordnung in der Form eines Regulativs bekannt machen und zur
Ausführung bringen zu lassen, da diese Form für die beabsichtigte
Einrichtung, die nur eine Provinz betrifft und nur versuchsweise
getroffen werden soll, die angemessenste zu sein scheint.

Schließlich bemerken wir alleruntertänigst, daß die rheinischen
Regierungen schon vor einiger Zeit zur Ermittelung des Betrages
der Steuer-Verminderung, welche durch die allerhöchsten Orders
vom 3. Mai und 28. Juni cr. entstehen wird, angewiesen sind
und daß die Feststellung der Kontingente gleich nach dem Ein-
gange der Resultate erfolgen kann.

Das Staats-Ministerium.

2. Die Kabinettsordre Friedrich Wilhelms IV. vom 7. November 1846.

F. M. Adhib. A zu d. Eink.St.Gen. IV. 1846.

Da zum nächsten Frühjahr ein vereinigter Landtag berufen
werden wird, und es nach dem Ihnen bekannten Inhalt der seine
Attributionen bestimmenden, im Entwurf vorliegenden Verordnung
nötig erscheint, mindestens E i n e n Gegenstand seiner Beratung
zu unterlegen, welcher seine Einberufung bedingt, so beauftrage

Ich Sie in sorgfältige Erwägung zu ziehen, ob nicht die schnellere
Förderung der Preußischen Eisenbahn durch Übernahme des
Baues auf Staatskosten, unter Beschaffung der dazu erforderlichen
Mittel durch eine Anleihe, sich vorzugsweise als ein solcher
Gegenstand darstellen möchte und eventualiter eine dahin ge-
richtete motivierte Proposition entwerfen zu lassen und ein-
zureichen. — Damit dürfte die Errichtung von Provinzial-
Rentenbanken, wie sie von den Provinzial-Ständen von Schlesien
und Posen beantragt sind, insoweit in Verbindung zu bringen
sein, als ein Teil des für die Eisenbahn aufzunehmenden Dar-
lehns zu den Betriebskapitalien, mit denen diese Rentenbanken
für den Anfang notwendig versehen werden müßten, temporär
verwendet werden könnte, und erwarte Ich hierüber Ihre Äußerung.
Vielleicht könnten endlich auch die von den letzten Provinzial-
Ständen mehrfach eingegangenen Anträge auf Umwandlung der
Mahl- und Schlachtsteuer in die Klassensteuer Veranlassung zu
einer zweiten Proposition für den vereinigten Landtag werden
und will Ich auch diesen Gegenstand Ihrer sorgfältigen Erwägung empfehlen. — B e r l i n , den 7. November 1846.

gez. **Friedrich Wilhelm.**

---

3. Ein von Otto Camphausen verfaßter Bericht über die Sitzungen des Staatsministeriums in der Steuerreformfrage (datiert vom 16. März 1847).

F. M. Adhib. A zu d. Eink.St.Gen. IV. 4 1846.

Berlin, den 16. März 1847.

Ew. K. M. haben durch einen Allerhöchsten Erlaß vom
7. November v. Js. zu befehlen geruht, daß mit Rücksicht auf
die von den letzten Provinziallandtagen mehrfach eingegangenen
Anträge wegen Umwandlung der Mahl- und Schlachtsteuer in die
Klassensteuer eine diesen Gegenstand betreffende Proposition für
den Vereinigten Landtag in nähere Erwägung gezogen werde.
Demgemäß hat der alleruntertänigst mitunterzeichnete Finanzminister sogleich die erforderlichen Vorbereitungen getroffen und
die gedachte wichtige Steuerreform einer umfassenden Erörterung
unterworfen, als deren Ergebnis er uns

1. eine Denkschrift betreffend die Aufhebung der Mahl- und
   Schlachtsteuer, die Modifikation der Klassensteuer und die
   Einführung einer Einkommensteuer, nebst

2. dem mit A bezeichneten Gesetzentwurfe wegen Aufhebung
   der Mahl- und Schlachtsteuer, Beschränkung der Klassensteuer und Einführung einer Einkommensteuer und

3. dem mit B bezeichneten Gesetzentwurfe wegen Erhebung
   einer Einkommensteuer

mitgeteilt hat, wovon wir eine Abschrift in den beifolgenden
Druckexemplaren anschließen.

In der Ew. K. M. mittels unseres alleruntertänigsten Be-
richtes vom 13. Mai v. Js. überreichten Denkschrift vom 8. September 1845 sind die Vorzüge sowohl als die Übelstände der
Mahl- und Schlachtsteuer ausführlich entwickelt und ist darin insbesondere nachgewiesen worden, wie diese Vorzüge häufig übersehen, dagegen die Übelstände gewöhnlich überschätzt werden,
wie aber besonders bei den kleineren mahl- und schlachtsteuerpflichtigen Städten alle Übelstände der Mahl- und Schlachtsteuer
in größerem, alle Vorzüge derselben in geringerem Grade eintreten und wie demnach in doppelter Hinsicht die Aufhebung
dieser Steuer vorzüglich für die kleineren Städte anzuempfehlen
sei. Der damals gleichzeitig gemachte Vorschlag, in allen mahl-
und schlachtsteuerpflichtigen Städten die Mahlsteuer vom Roggen
auf die Hälfte und die Schlachtsteuer vom Schweinefleisch auf
²/₃ der bisherigen Sätze zu ermäßigen, mußte später zurück-
genommen werden, weil es bedenklich erschien, auf eine Einnahme von mehr als einer halben Million Taler zu verzichten.
Wenn sonach zur Beseitigung des der Mahl- und Schlachtsteuer
wohl nicht mit Unrecht gemachten Vorwurfes, daß dadurch die
städtische Bevölkerung unverhältnismäßig belastet und insbesondere
der weniger wohlhabende Teil derselben zu scharf herangezogen
werde, nichts hat geschehen können, wenn ferner die Mahl- und
Schlachtsteuer anscheinend immer mehr der Ungunst des
Publikums zu begegnen hat, und wenn endlich die durch die
bisherige Verschiedenheit in der Besteuerung der Städte und des
platten Landes herbeigeführten Übelstände völlig nur durch die
gänzliche Aufhebung der Mahl- und Schlachtsteuer beseitigt
werden können, so hat die gegenwärtig überreichte Denkschrift
hauptsächlich die Frage ins Auge gefaßt, wie dem vielfach ge-
hegten Wunsche wegen Aufhebung der Mahl- und Schlachtsteuer
zu entsprechen und wie alsdann für den Wegfall dieser Steuer
der Staatskasse Ersatz zu verschaffen sei.

Die zur Erreichung dieses Zweckes von dem Finanzminister
abgegebenen Vorschläge bestehen im wesentlichen darin, daß
unter völliger Aufhebung der Mahl- und Schlachtsteuer und unter
Beseitigung der Verschiedenheit in der Besteuerung der Städte
und des platten Landes von allen Einwohnern, deren gesamtes
jährliches Einkommen den Betrag von 400 rT. erreicht oder über-
steigt eine Einkommensteuer und zwar mit 3 Prozent von fundiertem, mit 2 Prozent von unfundiertem Einkommen erhoben
und daß dagegen von denjenigen Einwohnern, deren Einkommen
den Betrag von 400 rT. nicht erreicht, eine neue nach den
Sätzen der bisherigen sechs untersten Steuerstufen zu erhebende
Klassensteuer entrichtet werde. Wir haben diese Vorschläge
nach dem alleruntertänigst angeschlossenen Beratungsprotokolle in
den Sitzungen vom 2., 6. und 9. l. M. einer sorgfältigen Prüfung

unterworfen und haben nach reiflicher Erwägung aller für und
wider die Vorlegung der fraglichen Gesetzesentwürfe anzuführenden
Gründe uns dahin ausgesprochen, daß wir den Erlaß einer desfallsigen Allerhöchsten Proposition an den Vereinigten Landtag
für ratsam erachten. Wir verhehlen uns nicht die großen
Schwierigkeiten, mit welchen die Erhebung der für die weniger
wohlhabenden Einwohnerklassen beizubehaltenden Klassensteuer
in den großen Städten verbunden sein wird, wir übersehen
ebensowenig die mannigfachen einer Einkommensteuer entgegenstehenden Bedenken und verkennen nicht die großen Vorzüge,
welche die seit so langer Zeit bestehende Mahl- und Schlachtsteuer in bezug auf Leichtigkeit der Erhebung darbietet: aber
wir glauben in der Annahme der gemachten Vorschläge in ihren
Hauptgrundlagen dennoch einen wichtigen Schritt zum Bessern
vorzüglich deshalb erblicken zu müssen, weil dadurch die unverkennbar stärkere Heranziehung der Städte im Verhältnisse zu
dem übrigen Teile der Monarchie beseitigt, die unteren Volksklassen in der Steuerlast erleichtert, gleichzeitig aber die wohlhabenderen Einwohnerklassen stärker als bisher zur Tragung der
Staatslasten herangezogen werden würden, und wir glauben, daß
es einerseits einen günstigen Eindruck machen wird, wenn die
Staatsregierung auch hier ihre Bereitwilligkeit an den Tag legt,
begründeten Wünschen der Bevölkerung entgegenzukommen und
daß es andererseits bei den sonst aller Wahrscheinlichkeit nach
zu gewärtigenden Anträgen auf Aufhebung der Mahl- und Schlachtsteuer von Nutzen sein wird, wenn die Stände im voraus die
Bedingung kennen lernen, an welche die Erfüllung dieses
Wunsches zur Sicherung der bisherigen Staatseinnahmen geknüpft
werden muß. Wir halten es jedoch in Übereinstimmung mit
den desfallsigen Anträgen des Finanzministers für zweckmäßig,
daß in der von letzterem seinerzeit beizufügenden für den Vereinigten Landtag bestimmten Denkschrift nicht minder auf die
Vorzüge wie auf die Nachteile der Mahl- und Schlachtsteuer und
auf die mit der Erhebung einer Einkommensteuer verbundenen
Inkonvenienzen hingewiesen werde, so wie, daß schon in der von
Ew. K. M. zu erlassenden Proposition, ebenso wie in dem Ein-
gange des mit A bezeichneten Gesetzentwurfes ausdrücklich hervorgehoben werde, daß Rücksichten für die bessere Sicherung
des Staatshaushaltsbedarfs zu einer durchgreifenden Umgestaltung
der bestehenden Steuergesetzgebung nicht hätten bestimmen
können.

Während wir die Grundlagen der mehrgedachten Gesetzesentwürfe im allgemeinen billigen, haben wir im einzelnen verschiedene Änderungen im Einverständnis mit dem Finanzminister
für nötig erachtet. . . . Nur zwei Punkte erlauben wir uns besonders zur Sprache zu bringen, nämlich:

    1. die Frage, ob alle beim stehenden Heere und bei den Land-
        wehrstämmen in Reih und Glied befindlichen aktiven Militär-

personen in Ansehung ihrer Besoldung von der Einkommensteuer befreit werden sollen oder nicht, und
2. die Frage, ob in der untersten Stufe der Klassensteuer aus
einer und derselben Haushaltung niemals mehr als zwei,
statt wie bisher drei Personen diese Steuer bezahlen sollen.

In bezug auf die erste Frage ist die Freilassung der Militärpersonen in Ansehung ihrer Besoldung, gegen die diesfallsigen
Vorschläge des Finanzministers, auf den Antrag des Kriegsministers mit Stimmengleichheit für notwendig erachtet, zugleich
aber beschlossen worden, Ew. K. M. diesen Punkt zur Allerhöchsten Entscheidung besonders vorzutragen.

Zugunsten der Freilassung wird angeführt, daß nach einem
alten, schon unter dem großen Kurfürsten bestandenen und immer-
fort bewahrten Herkommen die Armee von allen direkten Steuern
befreit sei, daß das Abgehen von diesem Prinzip nur durch einen
Notstand zu rechtfertigen wäre, der doch nirgends behauptet
werde und auch bei dem Ausfall des verhältnismäßig geringen
von den Militärbesoldungen einzuziehenden Betrages nicht eintreten könne, daß aber der eventl. ausfallende Geldbetrag gar
nicht in Anschlag zu bringen sei gegen den üblen Eindruck, den
die Maßregel bei der Armee hervorrufen würde. Das Antasten
des der Armee zustehenden Privilegii sei aber um so bedenk-
licher, da aus den Besoldungen der Offiziere vielfach Ausgaben
zu bestreiten seien, die lediglich als Folge der dienstlichen
Stellung zu betrachten und von dem freien Entschlusse der
Offiziere nicht abhängig wären, daß daher der Sold der Offiziere
anderen Besoldungen nicht gleichzustellen und vielfach so spärlich bemessen sei, daß man einen Gehaltsabzug, in welchen sich
die Einkommensteuer verwandeln würde, als zulässig nicht erachten könne. Ferner wurde befürchtet, man werde die schon
jetzt vielfältig in Anspruch genommene Beitragspflichtigkeit des
Militärs zu den Kommunallasten nicht länger abwehren können,
wenn einmal die Verpflichtung zur Zahlung einer direkten Steuer
anerkannt würde, auch werde man durch das Aufgeben der bisherigen Exemtion von den direkten Steuern unangenehme Erörterungen über das Militärbudget hervorrufen. Nur die unbedingte Notwendigkeit zur Deckung des Staatshaushaltsbedarfs
der Armee einen Beitrag zu einer direkten Steuer zuzumuten,
würde die Heranziehung der Militärbesoldungen zur Einkommensteuer motivieren können, selbst dann aber würde dies nicht
lediglich im Wege der Gesetzgebung geschehen müssen, sondern
es würde dann eines besonderen Allerhöchsten Befehles an die
Armee bedürfen.

Gegen die Freilassung der Militärbesoldungen wird angeführt, daß nach dem Prinzip einer Einkommensteuer derjenige
Teil der Besoldungen, welcher zu notwendigem Dienstaufwand zu
bestimmen ist, allgemein von der Steuer zu befreien sei. Hiernach folge von selbst, daß die Berücksichtigung mancher durch

die dienstliche Stellung der Offiziere bedingten Ausgaben sich
durch den nach billigen Grundsätzen zu bemessenden Abzug einer
Quote von den Militärbesoldungen werde erreichen lassen, worüber besonders zu verhandeln sei. Nach Berücksichtigung dieses
Verhältnisses liege aber kein Grund vor, die Militärbesoldungen
anders zu behandeln als die Zivilbesoldungen. Wenn den
Offizieren aller Grade die Befreiung von der zum Ersatz der
Mahl- und Schlachtsteuer zu erhebenden Einkommensteuer eingeräumt werde, so hieße das nicht die bestehenden Befreiungen
des Militärs aufrecht erhalten, sondern neue gewähren, denn diejenigen Offiziere, die zur Entrichtung von Einkommensteuer verpflichtet sein würden, seien mit verhältnismäßig wenigen Ausnahmen seither von der Mahl- und Schlachtsteuer betroffen worden
und würden ohne alle Gegenleistung von einer bisher getragenen
Steuer befreit werden, während man im übrigen zur Entlastung
der ärmeren Volksklassen den wohlhabenderen Einwohnern ein
Opfer ansinne, und während in bezug auf die Geistlichen und
Schullehrer, die von der Klassensteuer ebenfalls befreit seien,
die Befreiung von der Einkommensteuer nicht zugestanden werden
solle. Nicht das stehe in Frage, ob ein bisher befolgtes Prinzip
zu verlassen, sondern das, ob bei Umwandlung der bisher von
der Mehrzahl der Offiziere mit entrichteten Mahl- und Schlachtsteuer in eine direkte Steuer die Offiziere von dieser frei bleiben
sollen. Die Beitragspflichtigkeit des Militärs zu den Kommunallasten könne aus der Heranziehung der Militärbesoldungen zur
Einkommensteuer nicht gefolgert werden; der Rechtsgrund, aus
welchem die Beitragspflichtigkeit des Militärs zu den Kommunallasten abzulehnen sei, bestehe darin, daß die Truppen dem Ge-
meindeverbande nicht angehören und hierin werde nichts geändert. Was aber die befürchteten Erörterungen über das Militärbudget betreffe, so würden diese schwerlich gänzlich ausbleiben,
auch wenn der in Frage stehende Gesetzentwurf gar nicht vorgelegt würde; ein Anlaß hierzu dürfte aber weit eher in der
Bewilligung der in Anspruch genommenen Exemption, als in der
Gleichstellung des Militärs mit den sonstigen Staatsdienern zu
suchen sein.
Ew. K. M. stellen wir hiernach alleruntertänigst die Entscheidung anheim, ob das Militär in betreff der Besoldungen von
der Einkommensteuer freizulassen oder nicht. Der mit B bezeichnete Gesetzentwurf hat im Texte diejenige Redaktion erhalten, welche zu wählen sein wird, wenn die Befreiung gewährt
werden soll, zugleich aber sind in den Anmerkungen zu dem
§ 1 und zu dem § 14 diejenigen Änderungen bemerkt, welche
im umgekehrten Falle zu bewirken wären. In Betreff der Formen,
nach welchen bei Veranlagung des Militärs zu der Einkommensteuer zu verfahren, bemerken wir noch, daß diese bei den Besoldungen, für welche ausschließlich die Befreiung in Anspruch
genommen wird, nicht die mindeste Schwierigkeit finden könnte,

und bei dem Einkommen aus dem Grundvermögen nach den allgemeinen gesetzlichen Vorschriften sich zu richten haben wird,
daß dagegen für die Ermittelung des von Militärpersonen zu versteuernden Einkommens aus dem Kapitalvermögen mit Rücksicht
auf die eigentümliche Stellung des Militärs ein besonderes Verfahren wird nachgelassen werden müssen, worüber der Kriegsminister und der Finanzminister eine besondere Vereinbarung
werden zu treffen haben.

Bei Ausarbeitung der Gesetzentwürfe wegen Aufhebung der
Mahl- und Schlachtsteuer, Beschränkung der Klassensteuer und
Einführung einer Einkommensteuer ist der alleruntertänigst mitunterzeichnete Finanzminister davon ausgegangen, daß für jetzt
weder auf die Erhöhung der Staatseinnahme noch auf eine Steuerermäßigung Bedacht zu nehmen sei, daß mutmaßlich der Ertrag
der kombinierten Klassen- und Einkommensteuer hinreichen
werde, um den Ertrag der bisherigen Klassensteuer und der
Mahl- und Schlachtsteuer zu decken, daß aber Steuerermäßigungen
erst in Aussicht zu nehmen seien, wenn hierüber Gewißheit vor-
liege. Indessen hat es, wie wir mit ihm anerkennen, viel für
sich, in dem Zeitpunkte, wo zur Entlastung der unteren Volksklassen in den mahl- und schlachtsteuerpflichtigen Städten so bedeutende Opfer gebracht werden sollen, auch zur Erleichterung
des ärmeren Teiles der klassensteuerpflichtigen Bevölkerung etwas
zu tun. Der ad 2 erwähnte Vorschlag, wonach in Zukunft in
der untersten Stufe der Klassensteuer niemals mehr als zwei
Personen zur Steuer herangezogen werden sollen, erscheint in
dieser Hinsicht als sehr zweckmäßig, und da der mit dessen Genehmigung verbundene Ausfall, wie in dem Beratungsprotokolle
näher ausgeführt ist, den Betrag von 100 000 rT. keinesfalls
übersteigen wird, so nehmen wir nicht Anstand, die Genehmigung
dieses in Aussicht gestellten Abgabenerlasses alleruntertänigst zu
befürworten.

Für den Fall, daß Ew. K. M. Unsere alleruntertänigsten
Anträge wegen Vorlegung der ofterwähnten Gesetzesentwürfe an
den Vereinigten Landtag huldreichst zu genehmigen geruhen,
überreichen wir in der Anlage den Entwurf zu der desfalls zu
erlassenden Proposition in tiefster Ehrfurcht.

Das Staats-Ministerium.

(Unterschrift.)

ggez. Camphausen.

MIX
Papier aus verantwortungsvollen Quellen
Paper from responsible sources
FSC® C105338

Printed by Libri Plureos GmbH
in Hamburg, Germany